국립중앙도서관 출판시도서목록(CIP)

(꿀잼을 찾는) 어른을 위한 첫 번째 장난감 / 지은이: 황재
호. — 고양 : 위즈덤하우스, 2015   p. ;   cm

ISBN 978-89-98010-40-9 13690 : ₩13000

취미 생활[趣味生活]
장난감[玩具]

691-KDC6
790.1-DDC23   CIP2015026326

꿀잼을 찾는
어른을 위한 첫 번째 장난감

초판 1쇄 인쇄 2015년 9월 25일   초판 1쇄 발행 2015년 10월 5일

지은이 황재호
펴낸이 연준혁

출판 2분사 분사장 이부연
1부서 편집장 김남철
편집 정지은 디자인 함지현

펴낸곳 (주)위즈덤하우스 출판등록 2000년 5월 23일 제13-1071호
주소 경기도 고양시 일산동구 정발산로 43-20 센트럴프라자 6층
전화 (031)936-4000 팩스 (031)903-3895 홈페이지 www.wisdomhouse.co.kr

값 13,000원 ISBN 978-89-98010-40-9 13690

• 잘못된 책은 바꿔드립니다.
• 이 책의 전부 또는 일부 내용을 재사용하려면
  사전에 저작권자와 (주)위즈덤하우스의 동의를 받아야 합니다.

꿀잼을 찾는
어른을 위한
첫번째
장난감

황재호 지음

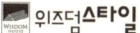

프롤로그

덕질을 시작하자,
인생을 즐겨 보자!

첫째 아들이 태어난 지 1년이 넘었다. 참 신기한 게, 그 녀석도 남자라고 슬슬 자동차 장난감과 로보트에 관심을 갖기 시작하더라. 그뿐 아니라 내 방에 있는 게임 패드를 집어서 버튼을 누르고 알록달록한 피규어를 탐내기도 한다. 이게 재밌는 것이라고 알려준 것도 아닌데 말이다. 천재 공학자들의 작품인지, 또는 적자생존의 결과물인지는 모르겠으나 이런 로보트와 자동차 모형, 또 버튼 달린 기계들은 남자들의 마음을 사로잡는 무언가가 있다. 그러나 우리는 성장하면서 어린 시절 흠뻑 빠져 즐기던 장난감들과 자연스레 멀어지고 만다. 누구도 '나쁜 것'이라고 말하진 않지만 '철없는 것'이라는 사회적 시선에 그토록 재미있는 것들을 포기해버리고 만다. 내가 지금 몸담고 있는 게임 업계 얘기를 잠깐 해보자.

큰 인기를 얻는 게임들의 사용연령이 대부분 18세 이상임에도 불구하고 '게임'이라는 것 자체를 여전히 철없는 취미로 보고 있다.

그러나 최근 몇 가지 계기로 인해 이런 시각은 빠르게 바뀌고 있다. 이제는 지하철에서 모바일 게임을 하는 50대 아주머니도 심심찮게 볼 수 있으며 개그 프로그램에서 게임을 패러디하는 일도 신기한 일이 아니다. 모바일 게임 시장이 급속도로 성장하면서 〈애니팡〉, 〈드래곤 플라이트〉 같은 이른바 국민 게임들이 대거 등장했고 이들은 게이머의 폭을 무한정 확장해버렸다. 덕분에 '게임하는 것'에 대한 사람들의 인식이 바뀌어서 요즘 무슨 게임을 즐겨하는지 이야기 나누는 것이 자연스러운 주제가 되었다. 게임의 역사를 보면 이렇게 폭발적인 성장이 이루어지고 나면 뒤이어 점차 심화되고 세분화된 장르가 생겨나기 시작한다. 사람들이 계속해서 신선한 것을 찾기 때문이기도 하고, 어느 정도 새로운 시도에 대한 수요층이 보장되기 때문이기도 하다. 요리도 마찬가지다. 각종 요리 프로그램들과 유명 셰프들이 인기를 얻기 시작하면서 남자들이 요리하는 것에 대한 거부감이 크게 줄고, 요리는 사람들의 공통 관심사가 되기 시작했다. 그러면서 요리에 관심이 없던 사람들에게는 요리라는 새로운 즐거움을 발견하게 해주었다.

이처럼 새로운 '즐거움'의 발견이 가능하려면 사회적으로 공감이 형성되는 자연스러운 분위기가 갖춰져야 한다. 다행히 요즘 XTM의 〈겟 잇 기어〉, 〈가제트〉 등의 키덜트 타깃 방송이 인기를 모으고 있고, MBC 〈시사매거진〉 등에서도 '덕후 문화'를 집중 취재해 방송하는 등 언론에서도 키덜트 문화를 하나의 문화로 인정하기 시작했다.

그러나 높아진 관심도에도 불구하고 아직은 개인적인 영역에 머물러 있기 때문에 '키덜트' 또는 '덕질'을 체계적으로 접근할 수 있는 길은 많지 않다. 고급 정보가 오가는 다음 카페나 네이버 카페들도 처음 시작하는 사람은 따라잡기가 다소 버거운 것이 사실이다. 그래서 키덜트 문화에 처음 발을 들여놓으려는 사람들에게 '덕질 세계'에 대한 친절한 가이드가 필요하다는 생각에 이 책을 쓰게 되었다. 나는 피규어를 수백 개 이상 보유하거나, RC카 개조에 영혼을 바친 만렙 덕후는 아니다. 그러나 프라모델부터 피규어, 만화, 게임까지 다방면에 나름대로 관심과 열정을 쏟으며 살고 있고, 그 덕분에 이들의 매력을 누구보다 잘 알고 있다. 또 키덜트들을 위한 SNS를 만들어 운영하면서 수많은 분야의 '고렙 덕후'들을 만날 수 있었다. 이렇게 조금씩 쌓아온 지식과 내가 느낀 다양한 장난감에 대한 매력들을 이 책을 통해 전달함으로써 한 명이라도 더 '덕질의 즐거움'을 발견할 수 있게 되길 바란다.

2015년 9월

황재호

| 차례 |

- **프롤로그** · 덕질을 시작하자, 인생을 즐겨 보자! … 4

- **1장** · '덕질' 입문하기에 앞서

    당신은 덕후인가? 괴짜인가? … 13   서브컬처는 본능이다 … 17   추억을 모아보자, 덕질을 시작하자 … 22

- **2장** · 로봇도, 전차도 척척 만들어내는 만능 장난감, 프라모델

    점점 진화하는 추억 … 35   어른이 돼서 처음으로 만든 건프라 … 39   우리는 왜 프라모델에 두근거리는가 … 48   개고생 끝에 낙이 오는 차량 프라모델 … 52   ★ 마니아에게 직접 듣는 프라모델의 매력 … 60

- **3장** · 마법의 조립도구, 레고

    레고, 폭풍 성장의 비밀 … 73   마트에서 보던 레고의 정체 … 85   레고의 종착역, 창작 … 93

- **4장** · 추억을 즐겁게 간직하는 방법, 피규어

    피규어 모으기가 취미인 남자 … 105   피규어도 나름의 분류법이 있다 … 111   피규어, 어떻게 하면 잘 보관할까요? … 121

- **5장** • 수집을 위해 태어난 작은 악마들, 트레이딩 피규어

  뽑기의 마력, 풀파워 전개 … 135 당해도 재밌는 트레이딩 피규어의 상술 … 140 ★ 마력에 사로잡힌 자들의 이야기 … 146

- **6장** • 질주 본능과 개조 본능의 완결판, RC

  로망의 집합체, RC … 159 RC카란 무엇이고, 어떻게 즐기는가 … 163 적은 돈으로도 즐길 수 있는 RC의 매력 … 170

- **7장** • 추억에서 현재까지, 비디오 게임

  내 인생을 지배했던 게임! 게임! 게임! … 177 게임 수집, 이래서 재밌다 … 184 추억의 게임을 플레이하는 게 맞을까? … 191 한정판은 무엇으로 이루어져 있는가 … 195

- **8장** • 덕질의 원조, 만화

  만화 산업, 어떻게 진화했는가 … 205 그래도 아저씨는 종이 만화책 … 210 종이 위의 판타지, 만화 … 215

- **9장** • 우리나라 취미 생활 vs 해외 취미 생활

  한국에서 '덕질'을 한다는 것 … 223 슈퍼히어로, 키덜트를 구하다 … 226 덕후들의 에너지가 모이는 곳 … 230 ★ 덕심의 끝판왕들을 만나보자 … 235

- 에필로그 • 남자는 언제까지나 소년이다 … 248
- 도판출처 • … 252

1장

'덕질' 입문하기에
앞서

당신은 덕후인가?
괴짜인가?

나는 장난감에 빠지기 전에도 레고나 프라모델, 피규어 등의 장난감을 즐기는 사람들을 보면서 철없는 어른이라고 생각해본 적은 없다. 그저 '각자의 취미를 즐기고 있구나' 정도로만 생각했다. 그러던 중 루리웹이나 디시인사이드 등의 커뮤니티에서 '오타쿠'라는 말의 변형인 '오덕후'라는 말이 유행하기 시작했다. 흔히 말하는 오덕후들이 많이 활동하는 커뮤니티인지라 자조적인 뉘앙스도 있긴 했겠지만, 일단 그 표현은 '안여돼'(안경, 여드름, 돼지)의 외모에 애니메이션 포스터가 붙은 방에서 미소녀 피규어를 끌어안고 있는 남자로 정의되어 있었다. 그때 처음으로 장난감을 즐기는 어른에 대한 사람들의 인식에 적지 않은 충격을 받았다.

물론 완전히 틀렸다는 건 아니다. 일본에서도 원래 오타쿠는 이런 이미지였으니까(구글 이미지를 검색해보시라). 하지만 일본과 비교해선 안 된다. 일본은 서브컬처 문화가 상당히 보편화되어 있어 한 분야에 엄청난 집념이 있어야만 오타쿠 소리를 들을 수 있다. 일본에서 '오타킹(오타쿠의 왕)'이라고 불리는 오카다 토시오 씨는 SF 마니아로 불리려면 적어도 1,000권의 책은 읽어야 한다고 했을 정도로 아무나 오타쿠가 될 수 있는 것이 아니다.

하지만 한국에서는 일단 조금이라도 애니메이션을 보거나, 피규어를 사거나, 프라모델을 조립하면 '덕후' 소리를 듣는다. 그리고 그 사실이 알려지면 아마 당신의 소개팅은 백전백패일 것이다. 왜냐하면 상대는 당신을 철없는 어른이거나 안여돼 외모 둘 중의 하나라고 생각할 테니까. 실제로 결혼 정보 업체 닥스클럽이 조사한 결과를 보면 비호감 취미 1위가 피규어 수집, 애니메이션 감상이었다.

'오타쿠'라는 말은 이처럼 부정적인 이미지를 떠올리게 하고 '마니아'라는 말은 진입 장벽이 높아 보이기 때문에 우리는 보통 '키덜트'라는 말로 서브컬처 애호가들을 표현한다. 하지만 이 말도 사실 애매한 점이 있다. '아이(Kid)'와 '어른(Adult)'의 합성어인 키덜트는 사실 서구권에서도 거의 쓰지 않는 말이기 때문이다.

미국 인터넷 은어 사전인 어반 딕셔너리(Urban Dictionary)에는 'Kidult'라는 단어가 "어린이용 장난감을 즐기며 10대처럼 옷을 입고, 어른으로서의 책임을 못할 가능성이 큰 사람"으로 정의되어 있다. 한국에서 사용하는 분위기와는 큰 차이가 있다. 그래서 마니아들 중에는 좋

ㄴ 많은 사람들의 추억에 강렬하게 남아 있는 마징가 Z.

게 말해 동심, 나쁘게 말해 철없음이 느껴지는 키덜트라는 표현을 달가워하지 않는 사람들이 많다.

그럼 대체 뭐라고 불러야 할까? 결론부터 말하면 아직 딱 맞는 호칭은 찾지 못했다. 처음 키덜트를 위한 플랫폼 '지빗'을 기획할 때도 이 호칭 때문에 애를 많이 먹었다. 괴짜를 뜻하는 영어 단어인 '긱(Geek)'이 가장 유력한 후보였지만 익숙하지 않은 용어기도 하고, 같은 이름의 패션 잡지가 나오면서 쓰기가 어려웠다.

그래서 이 책에서도 그냥 막 섞어 쓰려고 한다. 왜냐하면 우리는 사회에서 말하는 '철없는 어른'이기도 하고, 뭔가 특이한 걸 좋아하는 '괴짜'이기도 하고, 한 가지에 열중하는 '오타쿠' 또는 '마니아'이기도 하니까.

분명한 것은 열심히 일해서 번 돈으로 자신이 좋아하는 것을 즐기는 것에 대해 부끄러워할 필요는 전혀 없다는 것이다. 당당해지면 된다. 굳이 철들 필요도 없다. 내가 봐왔던 키덜트는 불행한 현실에서 벗어나 동심의 세계로 돌아가고 싶어 하는 어른들이 아니라, 나이가 들었다는 이유로 자신이 좋아하는 것을 포기하지 않는 당당한 어른이다. 우리는 모두 〈마징가 Z〉, 〈기동전사 건담〉에 빠진 적이 있고, 초집중력을 발휘해 레고를 조립해봤고, 〈드래곤볼〉에 열광하지 않았던가. 그때 그렇게나 재미있던 것을 왜 지금은 즐기지 못하는가. 편견을 버리자. 우린 나쁜 짓 하는 게 아니니까.

서브컬처는 본능이다

 키덜트 또는 마니아들이 하는 취미 생활을 흔히 '덕질'이라고 한다. 이에 대한 정확한 정의는 없지만 '서브컬처 문화에 빠지는 것' 정도의 뜻으로 보면 된다. 그렇다면 이들은 대체 왜 서브컬처 문화에 빠지는 것일까? 먼저 '서브컬처'라는 말의 어원부터 한번 살펴보도록 하자.

 오카다 토시오 씨의 책《오타쿠》를 보면 서브컬처는 기본적으로 카운터컬처의 성격을 띤다고 한다. 카운터컬처는 유럽의 계급사회에서 유래된 것으로 '하이컬처' 혹은 '메인컬처'라고 하는 이른바 예술적 품위에 대한 저항을 기본으로 한다. 농노가 시민이 되자 귀족들은 그들과 자신을 구분 짓는 것이 필요했고 그것이 바로 하이컬처 혹은 메인컬처다. 그러나 시민들은 "니들이 뭐가 잘났냐! 전쟁이나 하는 놈들이. 그 잘

ㄴ 오카다 토시오 씨는 〈에반게리온〉으로 유명한 일본 애니메이션 제작사인 가이낙스의 창업 멤버이기도 하다.

난 메인컬처 따위 필요 없어! 우리는 우리 멋대로 한다!"라고 외치며 삐뚤어지기 시작했다. 그리고 이것이 카운터컬처의 기반이 되었다.

그런데 이 문화가 미국으로 넘어오면서 문제가 생겼다. 미국에서는 반항할 계급사회 자체가 없었다. 그래서 미국의 피 끓는 젊은이들이 반항의 대상으로 선택한 것은 바로 '어른이 되는 것'이었다. 여기에 젊은이들의 반항과 소비 찬양 문화가 만나 "젊음 만세! 소비자 만세!"의 모토를 갖는 서브컬처로 발전하게 되었다.

그런데 이 서브컬처와 일본의 오타쿠 문화는 비슷하면서도 다른 점이 있다. 서양에서는 어린이를 아직 미성숙하고 부모의 지도를 받아야 하는 존재라고 생각한다면, 동양에서는 자연에 좀 더 가까운 순수한 존재로 받아들인다. 그렇기 때문에 일본에서는 어린이들을 위해서 만들어진 문화는 어른들에게도 긍정적인 영향을 미친다고 생각한다. 이를 어른의 눈높이로 다시 만들어낸 종합 예술이 바로 일본식 오타쿠 문화라는 것이 오카다 씨의 이론이다.

생각해보면 서브컬처 제품 중 어린 시절에 갖고 놀던 제품과 완전히 동떨어진 제품은 거의 없다. 아이들의 문화가 어른의 눈높이에 맞춰서 업그레이드됐을 뿐이다. 나는 여기서 키덜트 문화는 '본능'에 좀 더 가깝다고 주장하고 싶다. 주변의 아이들을 보면 보통 남자아이들은 조립, 구동, 개조, 수집 요소가 들어간 것들에 관심을 갖는다. 만지고, 조립하고, 움직이고, 모으는 것들 말이다. 아무도 그 아이들에게 이런 걸 하라고 강요하지 않았고, 아이들이 강요받는다고 즐겨할 리도 만무하다. 그냥 본능적으로 재밌기 때문에 하는 것이다. 그럼 이런 것들이 어른이 되면 갑자기 재미없어지는 걸까? 난 그렇지 않다고 생각한다.

어른이 되면 '하지 말아야 할 것'들이 자꾸 생겨나는데, 사실 범법 행위가 아닌 이상 '하지 말아야 할 것'이라기보다 '하면 폼이 나지 않는 것'이 더 맞는 표현일 수 있겠다. 어린 시절 갖고 놀았던 것이라면 일단 유치한 것이라고 치부하기 때문에 아무리 "야, 이 PG(Perfect Grade) 건담은 니가 갖고 놀던 보물섬 조립식 장난감하고는 완전 다른 거야. 알겠어?"라고 말해봐야 씨알도 안 먹힌다.

어릴 때 아마도 〈테트리스〉나 〈몽대륙〉 같은 게임에 푹 빠져본 기억이 있을 것이다. 지금 우리가 즐기는 〈애니팡〉이나 〈윈드러너〉도 게임의 패턴으로 보면 이들과 전혀 다를 바가 없다. 찰나에 머리를 써서 블록을 맞춰가는 짜릿함, 달리는 캐릭터를 조작해 장애물을 피하는 아슬아슬한 긴장감은 이들 게임에는 물론 최신 블록버스터 게임인 벨브의 〈포털(Potal)〉이나 너티 독(Naughty Dog)의 〈언차티드(Uncharted)〉에도 고스란히 녹아 있다. 단지 이 게임들은 우리의 현재 눈높이에 맞게 재해석되었고, 그렇기 때문에 중장년까지 부담 없이 즐길 수 있었다. 어른이 된 우리의 눈높이에 맞는다면 나이와 상관없이 충분히 다시 즐길 수 있음을 이들 게임이 보여주고 있다.

우리가 본능적으로 즐거움을 느끼는 물건을 안전하게 갖고 놀 수 있도록 구현한 것이 바로 '장난감'이다. 게임도 이런 의미에서 하나의 장난감이라고 볼 수 있다. 한국에 불어닥친 게임 광풍에서 알 수 있듯이 대부분의 사람은 적절한 장난감을 손에 쥐게 되면 금세 푹 빠져버린다.

다만 우리 덕후들은 조금 일반적이지 않은 장난감을 손에 쥐게 되었고, 그 마력에 사로잡혔을 뿐이다. 한번 그 마력의 노예가 되면 옆에서 아무리 누가 핀잔을 줘도, 소개팅에서

ㄴ 〈언차티드〉와 〈페르시아의 왕자〉 게임. 이 두 게임은 로직상 크게 다를 게 없다.

점수가 깎인다 해도 손에서 내려놓기 어려워진다. 그건 바로 이 마법의 장난감들이 우리의 본능적 욕구를 꽉 잡고 있기 때문이다. 하지만 이는 F1이나 격투기에 열광하는 남자들처럼 굉장히 자연스럽고 당연한 일이다. 그러니 덕후들이여, 자신감을 갖자.

추억을 모아보자, 덕질을 시작하자

방송이나 잡지 등의 매체와 인터뷰할 때 초반에 꼭 나오는 질문은 바로 덕질의 정의다. 골프를 열심히 치는 사람도 오타쿠라고 할 수 있을까? 아니면 골프채를 열심히 모으는 사람은 덕질을 하는 걸까? 혹은 고급 자동차에 큰돈을 쓴다면 자동차 오타쿠라고 할 수 있는 걸까?

 '덕질'이라는 용어에 대한 정의는 인터넷을 떠돌며 실시간으로 그 범위가 바뀌기 때문에 사실 명확한 정의를 내리기는 어렵다. 특히 최근에는 '축덕(축구 덕후)', '차덕(자동차 덕후)' 등으로 해당 분야에 이름을 붙여 광범위하게 쓰이기 시작했기 때문에 더욱 그렇다. 그럼에도 앞으로 우리는 이야기를 길게 나눠야 하기 때문에 덕질이라는 용어에 대해 자세히 짚어보고자 한다.

일단 덕질은 일반인들에게 부러움의 대상이 아닌 경우가 많다. 핸드백이나 지갑, 책 또는 가구를 몇 개 산다고 해서 덕후라는 소리를 듣지는 않는다. 하지만 피규어나 태엽 로봇, 고전 게임팩은 단 한 개만 사더라도 사는 순간 바로 의도치 않게 덕후로 보일 가능성이 높다.

또 우리가 집착하는 것이 주변에 흔히 볼 수 있는 것이 아닐 때도 우리는 '공인 덕후 마크'를 부착하곤 한다. 예를 들어 일본 컵라면을 수집하는 것, 몇 년 전의 해피밀 장난감을 구하는 것 등 말이다. 여기에는 비현실적인 대상도 포함될 수 있다. 일본의 가상 아이돌 '하츠네 미쿠'의 팬덤이라든지, 심지어 실존하는 아이돌 그룹의 팬덤도 덕질 문화에 포함되기도 한다. 만화 캐릭터와 스스로를 동일시하려는 코스프레 문화 역시 가상의 상대를 동경하는 한 형태로 볼 수 있다.

위의 뉘앙스에 어느 정도 동의한다면 우리는 앞으로 쓸 덕후라는 용어에 대한 눈높이가 대략 맞춰진 셈이다. 그럼 이제는 이 덕질에 대해 한 단계 깊은 구분을 해보도록 하자.

덕질은 크게 두 가지로 나눠서 볼 수 있다. 하나는 콘텐츠에 대한 덕질이다. 즉, 어떤 애니메이션이나 영화에 대해 깊이 빠져들고, 관련된 지식과 숨은 뜻까지 모두 파악하는 경우다. 혹시 주변에서 〈에반게리온〉의 설정에 담긴 각종 철학이라든지, 〈스타워즈〉의 가계도를 완벽히 꿰고 있는 사람을 목격한다면 바로 그들이 콘텐츠 덕후라고 보면 된다.

또 다른 하나는 제품에 대한 덕질이다. 이는 소위 '컬렉터'라고 불리는 부류로 어느 정도의 콘텐츠 이해도를 바탕으로 관련 물품 수집에 에너지를 쏟는다.

일본에서 이야기하는 오타쿠는 전자의 성향이 강하다. 콘텐츠 자체를 깊게 파고드는 경우가 많고, 콘텐츠 덕후들을 위한 책들도 넘쳐난다. 콘텐츠 덕후들은 물건을 수집하는 컬렉터들과는 어느 정도 거리가 있다. 그럼에도 불구하고 이 둘은 무 자르듯이 분명하게 구분할 수 없으며, 정도의 차이는 있지만 양쪽 성향을 같이 갖는 경우가 많다.

내가 이 책에서 앞으로 이야기할 내용은 주로 후자, 즉 컬렉터에 관해서다. 당신이 어느 정도 돈을 벌고 있는 30대 남성이라고 가정할 때, 아마 새로 나온 애니메이션에 빠지기보다는 10대와 20대 때 좋아했던 콘텐츠를 재구성할 확률이 높다. '재구성'이라 함은 당신이 좋아했던 캐릭터, 에피소드를 여러 방식으로 '컬렉팅' 하는 것이다.

ㄴ 《드래곤의 비밀》이라는 요망한 제목으로 출시된 적 있는 〈드래곤볼〉. 해적판은 덕후들에게 색다른 추억거리를 안겨준다.

이 책을 읽는 독자들이 모두 컬렉터는 아니겠지만 최소한 서브컬처 콘텐츠 또는 장난감 자체에 관심이 있을 것이다. 그렇다면 나중에 많게 든 적게든 수집을 할 가능성이 매우 높다. 키덜트 성향을 갖는다는 것은 특정한 취향을 '손에 쥘 수 있도록' 만들어진 제품에 관심을 갖고 있다는 뜻이며, 안타깝게도 이 제품들은 대부분 수집을 하도록 디자인되어 있다. 아니, 어쩌면 이미 당신의 뇌가 수집을 하도록 설계되어 있고 이 장난감들은 꼬리를 흔들 뿐일지 모른다. '풀세트'에 대한 욕망은 비단 컬렉터들에게만 있는 것은 아니니까.

디지털 시대임에도 아직 '버츄얼 상품 컬렉터'라는 말은 쓰이지 않는데, 가상 재화는 소유의 개념이 매우 희박하기 때문이다. 당연한 이야

ㄴ 수집의 즐거움을 느낄 수 있는 토미카. 비싸지 않은 가격으로 컬렉팅의 즐거움을 누릴 수 있다.

기지만 수집에 대한 열정은 소유욕이 기본이고, 그 소유물은 구체화된 모습으로 눈앞에 있어야 한다. 물론 게임 캐릭터나 아이템을 수집하는 경우도 있다. 하지만 이는 게임 안에서의 목표 달성이나 과시가 주된 목적이므로 게임상의 수집 행위는 대부분 보상이 뒤따른다는 점에서 우리가 말하는 순수한 수집과는 다소 차이가 있다.

대상이 무엇이 되었든 간에 이 소유욕이라는 것은 생활의 원동력이 되기도 하고, 집착으로 인한 '멘탈' 붕괴를 불러올 수도 있는 양날의 검이다. 나는 당신이 수집에 빠져 패가망신하길 바라지 않지만, 그렇다고 두려워서 아예 손을 못 대는 것도 원치 않는다. 큰돈 들이지 않아도 즐거움을 줄 수 있는 상품들을 놓치는 건 너무 안타깝지 않은가? 그렇기 때문에 어느 정도 균형 잡힌 지침서가 필요한데, 바로 이 책이 그 역할을 해줄 것이다.

자, 그럼 본론으로 들어가기에 앞서 대부분의 덕질 제품이 일본산이나 미국산인 관계로 이들 시장을 가볍게 살펴보고 가자. 일본의 야노 경제 연구소 조사에 따르면 일본 내의 2014년도 프라모델 시장은 254억 엔, 피규어 시장은 311억 엔으로 두 시장만 합쳐도 565억 엔, 우리 돈으로 약 5~6,000억 원 규모의 시장이 형성되어 있다. 오타쿠라는 정의가 불분명한 만큼 시장의 규모를 산출하는 것도 쉽지는 않지만 단순히 캐릭터 기반 완구 산업 규모만 봐도 약 6조 원, 만화책은 디지털 판매 포함 2조 원 규모가 된다고 하니 국내와 비교하면 10배 이상 크기의 시장이 형성되어 있다고 봐도 무방하다.

한편 미국은 대국답게 이를 뛰어넘는 규모를 자랑한다. 성인층과 유

ㄴ 일본 피규어 마니아들의 축제, 원더 페스티벌. 매년 2회 개최하며 각 5만 명 정도가 방문한다.

년층을 구별하지 않은 장난감 시장의 경우 약 23조 원으로 게임 시장과 비슷하다. 이 중 액션 피규어만 해도 약 1조 5,000억 원으로 장난감 시장의 규모는 상상을 초월한다. 전 세계 4퍼센트 밖에 안 되는 미국 어린이들이 전 세계 소비량의 40퍼센트를 차지하고 있는 셈이다.

예상할 수 있듯이 도저히 개인이 발품을 팔아 구매할 수 있는 규모가 아니다. 어차피 100퍼센트를 수집할 수는 없다는 뜻이다. 그럼에도 불구하고 수집가들은 조금이라도 더 모으기 위해 오늘도 이베이를 뒤지고, 야후 옥션에 입찰하고, 중고나라를 검색한다. 그래서 무언가를 찾아내면 뛸 듯이 기뻐하며 주변 사람들에게 때론 미친놈 소리를 들을 정도의 금액을 헌납한다. 왜 이런 짓을 하는 걸까?

└ 어린 시절의 추억이 새록새록 떠오르는 아톰 피규어.

└ 〈철인 28호〉의 한 장면을 멋지게 재현한 작품.

많은 컬렉터들은 수집은 '추억'을 남기는 행위라고 이야기한다. 추억이라는 것은 머릿속에 있다가 또 어느 순간에 사라져버리는 신기루 같은 것이다. 영원할 것 같았던 기억들조차 불과 5년만 지나도 언제 그랬나 싶을 정도로 희미하게 사라져버린다. 이제는 거의 사용하지 않는 싸이월드 미니홈피를 한번 방문해서 옛날 사진첩을 열어보시라. '헐, 내가 이런 것도 했었어?' 하는 사진이 분명 있을 것이다. 이렇게 어느 순간 금세 사라지는 우리의 기억을 그나마 유지할 수 있는 방법 중 하나는 영화 〈인셉션〉에서처럼 물건을 남겨놓는 것이다. 사진도 좋지만 그 당시의 즐거운 마음과 기억이 그대로 담겨 있는 특정 물건은 우리에게 꽤나 또렷한 기억을 되살려준다.

이는 옛날 장난감과 딱지 등 추억템에 국한되는 얘기가 아니다. 지금 우리가 보

└ 어린 시절 추억의 손오공도 피규어로 만날 수 있다.

고 있는 영화, 애니메이션, 드라마 모두 언젠가 사라져버릴 기억들이다. 〈원피스〉의 쵸파와 닥터 쿠레하의 이별 장면, 〈기동전사 건담〉의 아무로와 샤아의 전투 장면 등을 피규어나 프라모델로 소유하면 우리는 아주 긴 생명력을 여기에 불어넣을 수 있게 된다. 두 눈으로 직접 보고 만질 수 있는 형태의 추억이 생기는 것이다.

그러나 이런 요소들이 수집의 핵심적 부분임에도 불구하고 사실 딱 잘라서 "추억이야말로 수집욕의 모든 것이다!"라고 말하기는 어렵다. 뒤에서 좀 더 심도 있게 살펴볼 '베어브릭' 등의 아트 토이는 추억과 상관없이 디자인과 수집 욕구만 집중적으로 공략한 결과물이며, 레고의 '미니 피규어'도 순수하게 자체 콘텐츠로 수집가의 지갑을 빨아먹는 요물이다.

이처럼 덕질은 단순히 소유욕이나 추억 보존으로만 설명할 수 없으

ㄴ 수집 욕구를 자극하는 레고의 미니 피규어. 하나둘 사다 보면 벽이 사라진다.

며 상당히 복잡하고 오묘한 심리에 기반을 둔다. 개개인마다 덕질의 이유가 다르며 접근 방식도 다르다. 아마 덕질을 심리학적으로 분석하려고 하면 끝도 없고 반례도 너무 많을 것이다.

그러므로 덕질에 입문하는 당신은 그저 단순하게 '재미있어 보이는 것'을 선택하면 된다. 조립에 관심이 없다면 굳이 건담을 선택할 필요는 없다. 〈나루토〉를 재미있게 봤다고 해서 꼭 피규어를 살 필요도 없다. '남자라면 RC!' 이런 것도 신경 쓸 필요 없다. 그냥 재밌어 보이는 것을 선택해 주변 눈치 보지 말고 시작해보라. 재미없으면 안 하면 된다.

덕질 역시 축구나 아웃도어, 영화 관람과 같은 하나의 취미일 뿐이다. 그러니 이제 눈치 보지 말고 시작해보길 바란다. 다행히 덕질 시장이 조금씩이나마 커지고 있어 분명 당신 주변에 한두 명은 비슷한 관심사가 있을 것이다. 설령 그렇지 않더라도 조금만 손가락을 부지런하게 놀리면 인터넷 커뮤니티를 통해 방방곡곡에 퍼져 있는 같은 취미의 사람들을 손쉽게 만날 수 있다.

그래도 뭐부터 어떻게 시작하면 좋을지 잘 모르겠다고? 걱정하지 마시라. 그런 당신을 위해 다음 장부터는 다양한 덕질의 종류와 그걸 즐기는 사람들의 이야기를 하나하나 들려주도록 하겠다.

2장

로봇도, 전차도 척척 만들어내는 만능 장난감, 프라모델

점점
진화하는 추억

기억을 더듬어보면 남자아이들의 놀이가 여자아이들과 갈리기 시작하는 시점은 '조립식 장난감'을 만지기 시작하면서부터였던 것 같다. 합체 로봇, 조립식 장난감으로 넘어오는 시점부터 확실히 남자아이들만의 공감대가 형성되었다. 모성본능 때문인지 인형 옷을 갈아입히고 머리 빗기는 것을 즐기던 여자아이들과 달리, 남자아이들은 작은 플라스틱 부품들을 자르고 붙여서 로봇을 만드는 것이 최고의 즐거움이었다. 아마도 여기엔 생물학적으로 그럴듯한 이론이 있을 것으로 생각되지만 그렇게 깊이 들어가지 않더라도 성별에 따른 아이들의 놀이 성향이 다른 것은 주변만 둘러봐도 쉽게 알 수 있다. 나 역시 뭔지 파악도 안 되는 작은 부품들을 설명서대로 조립하다 보면 어느새 로봇도 만들어지고,

ㄴ 옛날 프라모델을 지금 보면 촌스럽지만 또 뭔가 풋풋하다.

ㄴ 옛날에 누구나 한 번쯤은 만들어봤을 보물섬을 프라모델로 화려하게 되살려낸 작품.

탱크도 만들어졌던 조립 놀이에 본능적으로 성취감을 느꼈던 것 같다.

1980~90년대에 어린 시절을 보냈던 나는 보물섬이나 선가드, 다간X 등의 조립식 장난감을 주로 갖고 놀았는데 상당히 조악했던 것으로 기억한다. 일본에서 만든 금형을 적당히 복제해서 만들다 보니 군데군데 부품이 맞지 않는 것은 물론이고, 애써 힘을 줘서 끼워 넣으려고 하면 부러지는 경우도 적지 않았다.

그나마 동봉된 치약 모양의 튜브형 접착제로 간신히 모양을 잡곤 했지만 이것 마저도 뒤가 터지거나 모자라면 별도의 접착제를 사서 적당히 마무리하는 수밖에 없었다. 기본적으로 플라스틱 재질은 조립하기에는 좋지 않아 뿔처럼 솟은 부위나 볼록 튀어나온 부분이 잘 부러져 순간접착제는 제작의 필수 요소였다.

그러다 보니 조립하는 동안은 손에 접착제로 인한 흰 딱지 같은 걸

ㄴ 고전 프라모델의 향기가 나는
이 누리끼리한 디자인!

달고 살았다. 살가죽이 눌러붙어 쓰리긴 해도 작업의 훈장같이 느껴지던 그 자국들 말이다. 게다가 니퍼로 깔끔하게 끊어낼 재간이 없어 가끔 손을 베기도 했는데, 이런 역경들을 이겨내고 설명서의 마지막 페이지를 끝마쳤을 때의 뿌듯함은 아직도 잊을 수 없다. 가끔 장난감 전시관이나 옛날 문방구에서 오래된 프라모델을 마주치기라도 하면 '저런 촌스러운

걸 좋아했단 말이야?'라는 생각이 들면서도 한편으로는 어린 시절 끙 끙거리며 만들던 추억을 떠올리며 흐뭇한 미소를 짓게 된다.

많은 사람들이 그렇듯이 나도 중학교, 고등학교를 지나면서 프라모델과 점점 멀어지게 됐고 대학교 때는 술 마시랴, 동아리 활동하랴 프라모델은 내 머릿속에서 거의 지워지고 말았다. 그러다가 게임 회사에 들어가고 나서 주변에 프라모델을 즐기는 동료가 생각보다 많다는 것을 알게 됐다(참고로 게임 업계는 일반 회사에 비해 매우 덕스러운 업종이다).

말만 들어서는 와 닿지 않던 그들의 컬렉션을 우연히 직접 볼 기회가 있었는데, 예상했던 것보다 훨씬 뛰어난 작품 퀄리티에 적잖이 놀라고 말았다. 옛날에 보던 플라스틱 느낌 풀풀 나던 밋밋한 프라모델이 아니라 실물이 눈앞에 나타난 것처럼 정교하게 만들어진 그들의 제품은 아예 새로운 차원의 제품으로 느껴졌다.

어른이 돼서
처음으로 만든 건프라

'건프라'라는 것이 생각보다 굉장히 어른스러운 취미임을 알고 흥미가 생기긴 했으나 막상 직접 조립해볼 엄두는 못 내고 있었다. 그러다 우연찮게 지인으로부터 '스트라이크 프리덤 건담'이라는 모델을 선물받으면서 처음으로 직접 만져볼 기회가 생겼다. 선물해준 지인은 나보다 열 살 어린 친구인데 초등학교 때 전국 건프라(건담 프라모델) 대회에서 입상했을 정도의 프라모델 신동 같은 녀석이다.

그 친구에게 어릴 적 얼기설기 만들던 수준을 넘어 용어부터 하나하나 배워가면서 프라모델의 신비롭고 오묘한 세계에 대해 조금씩 알 수 있었다.

예전에 만들던 대부분의 로봇 조립식 장난감은 외부 장갑만 조립하

└ 나에게 건담을 처음 선물해준 지인이 초등학교 6학년 때 만든 건담이다.

는 형태였던 반면 요새 나오는 건프라는 진짜 로봇이라도 만드는 것처럼 내부 골격을 만들고 그 위에 장갑을 하나씩 입혀가는 형태를 띠고 있었다. 내부 골격도 상당한 디테일이 필요했고, 특히 손은 손가락 마디마다 별도로 작동이 되는지라 중지를 내미는 유치한 동작도 재현할 수 있었다.

이때부터 관심이 생겨 알아보니 내가 선물 받은 놈은 MG(Master Grade)라는 놈이었는데, 건담에서는 이 녀석 외에도 수많은 등급이 존재함을 알게 됐다. 메가사이즈나 AG(Advanced Grade)처럼 다소 독특한 포지션을 차지하는 녀석들도 있지만 기본적으로는 정밀도와 사이즈에 따라서 HG(High Grade), RG(Real Grade), MG(Master Grade), PG(Perfect Grade)로 나뉜다. 머리 크고 작달막한 놈들은 SD(또는 BB 전사)라고 하는데 온라인 게임으로도 나올 정도로 상당히 인기 있는 등급이다.

건담을 제대로 한번 해봐야겠다고 생각했다. 어떤 모델이 좋을까 생각하다가 공간 문제도 있고, 도색 경험도 아직 없어 우선은 RG(Real Grade)를 잡아보기로 했다(RG는 1/144로 MG나 PG보다 작다). RG는 특별

ㄴ 우여곡절 끝에 만든 나의 첫 MG 건담.

ㄴ 이렇게 귀엽지만 폼 나는 놈이 바로 SD이다.

히 도색 작업을 하지 않더라도 시키는 대로만 하면 꽤나 멋진 결과물이 나오기 때문에 초보자용으로 딱 좋다. HG 등급을 보통 입문용으로 추천하지만 매장에서 본 HG는 다소 밋밋해서 폼이 나지 않았다. 몇 개의 종류를 둘러본 뒤 그중 개인적으로 좋아하는 기체인 〈기동전사 건담〉에 나오는 건담 Mk-II를 샀다.

부푼 마음에 집에 오자마자 바로 개봉하고 설명서를 읽어보니 "헉" 소리가 절로 나왔다. 결과물이 디테일한 만큼 어디 떨어트리면 영원히 못 찾을 것 같은 좁쌀만 한 부품들이 한가득 들어 있었기 때문이다. 그중에서도 압권은 프레임의 배관인데, 그냥 통짜 파이프도 아니고 리얼리티를 살리기 위해서 리드 선(Lead Wire)을 그물원단 재질의 천 파이프에 통과시키도록 만들어져 있었다. 가느다란 선을 니퍼로 잘라서 작은 천 파이프에 통과시키다 보니 내가 프라모델을 만드는 건지, 공단에서 반도체 조립을 하는 건지 헷갈릴 정도였다.

부품을 반대로 끼우기도 하고, 굴러간 놈을 못 찾아서 헤매기를 4시간… 가까스로 본체 조립을 완료했다(여기까지를 '가조립'이라고 한다). 그런데 멋있긴 하지만 뭔가 밋밋한 느낌이 들어 설명서를 보니 "데칼 스티커를 붙여서 디테일을 살리라"고 쓰여 있었다.

그래서 적당히 붙여 보려고 스티커 시트를 꺼내보니, 아니 이건 정말 실눈을 뜨고 봐야 할 정도의 조그만 스티커가 빼곡히 붙어 있는 것이 아닌가?! 한 페이지에 100개도 족히 넘게 붙어 있는 스티커 중에는 반지름이 1밀리미터 정도밖에 되지 않을 만큼 작은놈들도 나의 부름을 기다리고 있었다. 아니 내가 무슨 보석 세공업자도 아니고, 이걸 진짜 붙이라고 만든 건지 의심스러울 정도의 크기였다. 게다가 여분도 거의 없어 잘못 떼다가 이상한 데 붙어서 사라지

└ 장인의 혼이 느껴지는 RG의 미친 디테일. 손이 바들바들 떨린다.

거나, 구겨지고 찢어지면 대체 어떻게 해야 할지 감도 안 잡혔다.

집에 있던 아내의 미용 도구 핀셋을 꺼내 바들바들 떨리는 손으로 하나하나 정해진 위치에 붙여나가다 보니 어라 웬걸? 아까와는 전혀 다른 느낌이 나기 시작했다. 편집증적으로 꼼꼼하게 설계된 데칼 스티커가 하나둘 기체에 붙을 수록 정말 1/144 소인국 사람들의 전투용 기체처럼 폼 나는 모습으로 변해갔다. 15센티미터 정도밖에 안 되는 녀석을 어떻게 이렇게까지 꼼꼼하게 설계할 수 있을까? RG 등급은 프레임 설계가 상당히 잘 되어 있어 가동성도 좋기 때문에 애니메이션에서 봤던 포즈를 취하며 감탄에 감탄을 거듭한 첫 작품이었다.

└ 1/144의 작은 사이즈로 디테일의 끝을 보여주는 RG.

오해 방지 차원에서 말하자면 RG가 초보자용으로 가장 좋다는 얘기는 절대 아니다. 주변에 모든 등급은 다 해도 RG는 절대 안 한다는 사람도 있다. 그러나 RG의 매력은 조립만으로 꽤 그럴싸한 작품을 만들 수 있다는 데 있다. 만약 초보자용으로 알려진

SD나 HG를 조립한다면 수월하게 조립하는 대신 뭔가 멋이 떨어지는 느낌이 들 것이다. RG 등급은 충분한 시간만 들인다면 도색이라는 무시무시한 장벽을 피하면서도 꽤 멋진 작품을 만들 수 있게 해준다. 그런 면에서 초보자도 약간 부담스럽지만 도전해볼 만한 과제다.

데칼 얘기가 나왔으니 스티커 작업 외에 디테일을 살리는 방법 두 가지를 짚고 가려고 한다. 하나는 '먹선'이다. 이는 펜 또는 도료를 이용해 각 부품의 홈(패널 라인)을 메꿔주는 것을 뜻한다. 처음 해보면 좀 어려운 느낌이 든다. 작업 도중 삐져나오기도 하는데 면봉으로 살살 닦아주면 홈에만 남고 나머지는 깔끔하게 정리된다.

이렇게 먹선을 넣으면 밋밋했던 플라스틱 느낌에 입체감이 생기면서 전체적으로 디테일이 굉장히 좋아진다. 어디가 어디인지 명확히 보이게 하는 효과가 있다.

또 하나는 마감재의 이용이다. 프라모델 조립의 완성품이 촌스러워 보이는 것은 데칼과 먹선 등의 디테일 작업을 하지 않았기 때문이기

ㄴ 먹선 작업을 하면 아이라이너를 한 것처럼 디테일의 완성도가 확 달라진다.

도 하지만, 또 다른 근본적인 이유는 플라스틱 특유의 싸 보이는 광택 때문이기도 하다. '클리어 스프레이' 등의 광택 스프레이는 전체적으로 플라스틱 재질의 느낌을 빼주는 효과가 있다. 무광, 반광, 유광으로

ㄴ 무광 스프레이를 사용한 작품. 플라스틱 광택만 없애도 꽤 리얼한 느낌이 산다.

나는 이 마감용 스프레이는 적절하게 뿌려만 주면 마법처럼 좋은 광택을 만들어준다. 많은 경우 리얼한 느낌을 내기 위해 무광 스프레이를 쓰지만 유광 스프레이도 적절하게 쓰면 고급스러운 느낌을 만들어낼 수 있다.

아무튼 나는 주변 프라모델 덕후들에게 귀동냥해가며 작업을 시작했고, 아주 만족스러운 결과물을 얻을 수 있었다. 이후에는 부족하나마 도색을 배워 나만의 컬러를 쓴 독특한 느낌의 기체를 만들거나 혹은 아직 발매되지 않은 기체를 만들어보기도 했다. 아직까지는 PG에 도전하지 못했는데, 조금 더 여유가 생기면 한번 작정하고 만들어보고 싶다.

ㄴ PG에는 이처럼 우람하고 멋있는 모델이 많다.

우리는 왜 프라모델에 두근거리는가

 그렇다면 건프라의 매력은 도대체 뭐길래 이렇게 많은 사람들이 열광하는 걸까? 멋있어서? 애니메이션을 재밌게 봐서? 내 생각에 아마도 어린 시절의 꿈과 맞닿아 있기 때문이 아닐까 싶다.
 1980~90년대를 살았던 사람 중 한 번쯤 로봇 만드는 꿈을 꿔보지 않았던 사람이 있을까? 그때는 애니메이션의 영향이든, 과학에 대한 기대감이 높았던 시대적 상황 때문이든 로봇 공학자, 또는 로봇 조종사야말로 꿈의 직업이었으며 마음속의 영웅이었다. 그때의 추억을 가슴 한 구석에 간직하고 있기 때문인지 나 역시 건프라를 만드는 순간 뭔가 묘하게 두근거리는 느낌을 받았다. 어릴 때 만들던 플라스틱 덩어리에서 엄청난 진화를 거듭해 미니 로봇 수준의 정교함을 갖게 된 건프라를 하

ㄴ 어린 시절의 꿈을 그대로 살려낸 것 같은 멋진 태권 V.

나 하나 조립해나가다 보니 어린 시절 머릿속으로만 그렸던 로봇의 내부라든지, 동작 같은 것을 내 손으로 직접 구현하는 느낌이었다. 아마 지금 내게 어린 시절에 갖고 놀던 조립식 장난감을 그대로 주더라도 이런 느낌은 받지 못할 것이다. 그건 내 눈높이가 그만큼 높아진 것과 동시에 건프라 제조사가 어른이 된 우리들의 눈높이를 맞춰주고 있기 때문이다.

업계 관계자에게 들은 바로는 프라모델 구매층의 약 70퍼센트가 20대 후반에서 30대 중반의 남성이라고 한다. 물론 자식들에게 사주는 수요가 포함됐을 수 있지만 프라모델이라는 분야는 이제 어린아이들만의 것이라고 보기에는 무리가 있다. 그리고 확실히 요즘 아이들은 조립식 장난감보다는 게임을 훨씬 많이 하는 것 같다.

문방구가 있는 동네에 가면 혹시 추억의 아이템이 없을까 싶어 꼭 한 번씩 들리는 편인데, 막상 가보면 어릴 적 갖고 놀던 조잡스럽고 저렴한 조립식 장난감은 찾아보기 힘들다. 대신 아카데미 과학의 밀리터리류 프라모델, 또는 건담과 골판기 전사 등 꽤 본격적인 프라모델류와 레고(중국산 짝퉁 블록 포함)가 자리를 차지하고 있는 것을 볼 수 있었다. 물론 이런 제품들은 예전보다 훨씬 재질도 좋고 동심을 꺾는 불량 부품도 적겠지만, 아무래도 아이들의 적은 용돈으로 가볍게 사서 갖고 놀만한 것이 많지 않기에 흥미를 느낄 계기가 줄어들지 않을까 하는 괜한 걱정이 들기도 한다. 실제로 일본 경제산업성 조사에 따르면 일본의 프라모델 전체 시장 매출은 1990년대 200억 엔대에서 2000년대에 100억 엔대 초반으로 떨어졌는데, 그 이유로 출산율 저하와 더불어 프라모델의 가격 상승을 꼽는다.

　반면 어른들의 프라모델은 발전에 발전을 거듭해서 하나의 조형 예술 수준까지 올라왔다. 점점 세밀해지는 조형에 더해 락커, 도료, 에어브러쉬를 사용한 수많은 도색 기술로 그 표현의 영역이 굉장히 넓어졌다. 게다가 인터넷, 특히 유튜브의 영향으로 그 비밀의 레시피를 손쉽게 얻을 수 있게 되면서 조금만 노력을 기울이면 꽤 그럴듯한 작품을 만들 수 있는 환경이 조성되었다.

　'프라모델' 하면 건프라를 가장 먼저 떠올리기 때문에 건프라를 먼저 살펴보았는데, 사실 프라모델에는 이외에도 종류가 많다. 자동차나 오토바이류 프라모델도 인기가 높으며 밀리터리 프라모델의 팬층도 두껍다. 이뿐 아니라 같은 로봇 계열이라도 '머시넨 크리거'라는 제품군은 건담과는 또 다른 신비로운 분위기를 자아내는 녀석들이다. 개인적으로는 건담이 그나마 가장 대중적인 프라모델에 속하며 위에 열거한 녀석들은 정말 영혼을 털어야 좋은 결과물이 나오는 무시무시한 놈들이다. 아이들이 프라모델의 주요 소비층이었던 시절이 지나면서 마니아들의 도전 욕구를 자극할 만한 제품들이 나오기 시작한 것이다.

개고생 끝에 낙이 오는 차량 프라모델

한때 나는 오토바이 모형을 조립, 도색하곤 했는데 지금보다 미숙했던 실력 탓도 있겠지만 정말 육두문자가 입에서 떠나지 않을 정도로 고생했던 기억이 난다. 로봇이야 어차피 가상의 구조물이니 어느 정도 디테일이 생략되거나 느낌만 잡아놓은 경우가 많지만 실물 구현으로 들어가면 도색의 색 분할이나 부품의 질감까지 고려해야 하기 때문에 굉장히 손이 많이 갈 수밖에 없다.

한 부품에 비슷한 색을 두세 종류 나눠서 칠하는 건 기본이며 스프링과 배선을 연결하는 작업을 여러 번 반복하고 나면 진이 쫙 빠져버린다. 그뿐 아니라 접착제의 사용을 필요로 하는 경우가 많아(건프라는 접착제 사용이 없다) 한번 실수하면 돌이킬 수 없는 사태가 벌어진다.

그럼에도 불구하고 자꾸 손이 가는 이유는 역시 완성했을 때의 만족도 때문이다. 직접 구석구석 손을 대서 만든 미니어처 차량에는 완성품을 샀을 때와는 다른 뿌듯함이 있다. 오토바이 모형의 경우 비록 움직이진 않지만 내부 실린더와 모터 등 주요 부품을 만들고, 칠하고, 연결해야 하기 때문에 자꾸 들여다보면서 '오, 이걸 내가 직접 만들었다니!' 하는 느낌을 받게 된다. 제품 자체가 워낙 디테일하기 때문에 고생시키는 만큼 보람도 확실하다.

자동차와 바이크를 주로 만들었던 한 프라모델러는 모델 하나를 작업하는 데 3~4개월의 시간을 투자한다고 한다. 차량 프라모델 작업에 대해 그는 이렇게 말한다.

"작업을 위해서는 먼저 실차 자료를 많이 수집해야 해요. 그대로 만들기도 하는데, 이걸 기반으로 개조 계획을 세우거든요. 예를 들면 LED 조명은 제가 직접 제작해서 넣는데, 이를 위해서 배선, 배터리 공간을 어떻게 확보할 것인지 미리 설계를 다 해야 합니다. 어느 정도 방향성이 정해지면 관련된 부품을 구매하고 실작업에 들어갑니다. 차량 작업에서 중요한 것은 표면 정리입니다. 그래야 차 특유의 번쩍이는 느낌을 낼 수 있습니다. 저 같은 경우는 사포로 표면 정리를 하는데 거친 사포(800방)부터 고운 사포(8,000방)까지 차례대로 하나씩 작업합니다. 사실 완전 막노동이에요. 하지만 최초 표면이 매끄럽지 않으면 최종 마감재를 아무리 두껍게 바르고 연마해도 매끈한 표면은 얻을 수 없습니다. 이 기초 작업 뒤에 메탈릭 컬러를 입히고 그 위에 클리어 도료로 색을 씌운 뒤에 1차 마감재, 다시 표면 정리 후에 최종 마감재까지 써서

ㄴ 두카티 바이크 모형.
　 엄청난 공이 들어가는 만큼 성취감도 뛰어나다.

ㄴ 차체 내부에 LED 작업이 된 모습.

마무리합니다."

무슨 말인지 잘 모르겠다면 그냥 '더럽게 복잡하고 인내를 요구하는 작업'이라고 이해하면 된다. 하지만 이렇게 막노동에 버금가는 작업을 거쳐 만들어진 작품은 최초 제공되는 가조립(동봉된 상태로 조립한 키트)과는 비교도 안 될 정도의 리얼함을 갖게 된다. 그는 실제로도 차를 좋아하는데 차를 개조, 도색할 여건이 되지 않기 때문에 이렇게 프라모델 제작으로 대리만족을 얻는다고 한다.

리얼하게, 세밀하게 - 밀리터리, SF 물

우리가 현실에서 보는 차량, 오토바이 외에 또 하나 상당수의 마니아층을 보유하고 있는 것이 바로 '밀리터리 물'이다. 디오라마라고 불리기도 하는 군사 관련 모형은 세계 대전 시기의 전투 환경을 세밀하게 재현하는 것이 일반적이다. 소위 '밀덕'이라고 불리는 밀리터리 마니아들은 군복을 입고 제1차, 제2차세계대전 상황을 직접 재현하는 '리인엑트먼트'라는 행사를 하기도 하는데, 밀리터리 프라모델 역시 '밀덕'들이 주로 만들기 때문에 꼼꼼한 고증과 재현이 수반되는 경우가 많다.

공동 작업실에서 주말을 이용해 프라모델 작업을 하는 모델러 서영석 씨는 밀리터리 물 만이 갖는 즐거움으로 "한 가지 아이템으로 여러 가지 표현을 할 수 있다"는 점을 꼽는다. 예를 들면 제2차세계대전 당시 독일의 주력 탱크 중 하나인 Tiger I는 같은 모델이라도 1942년, 1943년, 1944년형으로 연도마다 다르다. 또 부대, 전선마다 미세한 차이가 있다. 여기에 더러워지고 낡은 정도를 표현하는 '웨더링' 기법을 이용하면 다양한 상황을 연출할 수 있게 되는 것이다.

서영석 씨는 이러한 맛을 내기 위해 기존에 주어진 키트를 필요에 따라 일부 개조하거나 튜닝하기도 한다. 탱크 같은 경우는 궤도 하나가 큰 차이를 만들기 때문에 심지어 본체 키트 값보다 비싼 궤도를 구매해 사용하는 경우도 있다고 한다.

∟ T-34/85 전차. 웨더링까지 잘 정리되어 있다.

이외에 전투용 장비임에도 상당히 SF 느낌이 강한 '마시넨 크리거(Maschinen Krieger, Ma,k)'라는 제품도 상당한 팬층을 보유하고 있다. 이 제품은 일본의 SF 일러스트레이터인 요코야마 코우(山宏)가《월간 하비재팬》이라는 잡지에 'S.F.3.D'라는 명칭으로 일러스트와 직접 제작한 프라모델, 디오라마를 게재하며 유명해진 작품이다. 이것이 다시《모델 그래픽스》라는 잡지로 옮겨 가면

∟ 병사 복장까지 꼼꼼하게 채색된 1/35 Tiger ausf E 모델.

서 마시넨 크리거라는 현재의 이름으로 재탄생하게 되었다. 2029년 핵전쟁 이후 폐허가 된 지구를 다루고 있으며 1982년 첫 등장부터 무려 30년 넘게 많은 사랑을 받고 있다.

마시넨 크리거 프라모델을 주로 제작하는 한 모델러는 "SF적인 디자인과 함께 2차대전 스타일의 전차와 군복이 적절하게 섞인 것이 마시넨 크리거의 매력"이라고 말한다. 무엇보다 원작자인 요코하마 씨가 직접 커스텀 모델을 지속적으로 만들고 있기 때문에 조형 작품으로서의 가치가 높고 세계관이 잘 유지되는 장점이 있다.

마시넨 크리거는 SF적 분위기를 띠고 있긴 하나 기본적으로 밀리터리이기 때문에 제작 방법에서도 유사성을 갖는다. 진흙, 사막의 모래, 오염된 먼지 등의 효과를 통해 전투로 손상된 외피를 표현함으로써 리얼한 느낌을 주는데, 이것이 마시넨 크리거의 SF적 분위기와 맞물려 세기말적 분위기를 풍기는 것이다.

"마시넨 크리거는 판매되는 그대로 조립하는 것으로는 '참맛'을 살릴 수 없습니다. 마시넨 크리거는 커스텀하기가 정말 쉽게 되어 있어 자신만의 작품을 만들어가는 것이 진짜 재미입니다"라고 모델러들은 주장한다. 실제로 원작자인 요코하마를 필두로 많은 애호가들은 기존 밀리터리 프라모델의

ㄴ 마시넨 크리거 Fireball 도색 작품.

ㄴ 이렇게 현실의 조형물을 리얼하게 재현한 작품들도 너무 멋있지 않은가!

남는 부품들을 이용해 자신만의 커스텀 작업을 하고 있으며, 오히려 그렇기 때문에 초심자들도 주어진 조립법에만 너무 얽매이지 않고 가벼운 마음으로 자신만의 작품을 만들어갈 수 있어 적합하다고 한다.

이렇듯 프라모델에는 단지 건담 등의 로봇류만 있는 것이 아니고 입맛에 맞는 다양한 형태가 존재한다. 위에서 소개한 분야 외에도 범선이라든지 철도, 또는 피규어 같은 인간형 프라모델까지 조립의 즐거움을 느낄 수 있는 방식은 다양하다. 애니메이션을 몰라서, 혹은 좋아하는 분야가 달라서 로봇 물이 끌리지 않았다면 탱크나 비행기 중 쉬워 보이는 녀석을 하나 골라서 만들어보자. 옛 추억이 떠오르는 동시에 그 정교함에 깜짝 놀랄 것이다.

마니아에게 직접 듣는 프라모델의 매력

이제 프라모델의 종류와 매력에 대해 어느 정도 알게 되었을 것이다. 자, 이쯤에서 프라모델에 푹 빠진 사람들의 이야기를 직접 들어보도록 하자. 그들은 왜 이 플라스틱 조각을 조립하고 색을 입히는 데 그렇게 열정을 쏟는 것일까?

취미를 넘어 직업으로!_건담 아티스트, 이성동

이성동 건담 아티스트는 이제 갓 니퍼를 잡은 초심자들이 하나하나 건담 제작을 배워가면서 그 즐거움을 익힐 수 있도록 '건담이 지키는 작업실'이라는 공간에서 도색 강좌 및 제작을 하고 있다. 건담 제작과 도색을 너무 좋아하다 보니 직업이 되어 버렸다는 그는 과연 어떤 철학을 갖고 작업에 임하고 있을까?

Q: '건담이 지키는 작업실'에 대해서 소개 부탁드립니다.
A: 오프라인 매장 겸 도색 작업실입니다. 열린 공간으로 누구나 도색을 배우고, 즐길 수 있는 문화공간을 추구하고 있습니다. 누구나 편하게 모여 건담에 대해 얘기할 수 있는 곳입니다. 앞으로도 많은 분들이 프라모델을 즐길 수 있는 촉매제가 됐으면 합니다.

Q: 처음에 어떤 경로로 건프라를 접하게 되었나요?

A: 초등학교 때부터 아카데미 건담을 많이 만들었습니다. 그리고 20대에도 1년에 한두 개씩은 만들었던 것 같습니다. 하지만 그때는 아무리 해도 설명서 그림처럼 만들 수 없어 실망한 적이 많았는데 본격적으로 건담을 만든 약 3년 전부터는 작품의 완성도가 높아지면서 엄청난 만족을 느끼며 만들고 있습니다.

Q: 다른 프라모델도 좋아하시는지요?

A: 자동차, 바이크, 그외 메카닉 프라모델도 좋아합니다. 다만 현재는 직업상 건프라를 주로 만들고 있기 때문에 기타 작업은 아주 짬짬이 시간 날 때만 작업하고 있습니다.

└ 건담이 지키는 작업실에서 만날 수 있는 다양한 건담 작업물.

└ 그의 야심작, 에반게리온 바이크.

Q: 프라모델 자체의 매력은 무엇이라고 생각하나요?
A: 완성품이 아닌 직접 만드는 '작품'이라는 것의 매력이 크다고 생각합니다. 만들 때의 재미, 만들고 나서의 성취감이 굉장히 크고, 나만의 작품을 만들어 전시 혹은 자랑하는 재미도 있죠. 작품이라는 말이 처음에는 어색했지만, 만드는 과정에서 상상하고, 조립하고, 또 색칠하며 나만의 프라모델이 완성될 때는 이것은 정말 장난감이 아닌 나만의 '작품'이라는 생각이 듭니다.

Q: 작업물의 완성도가 상당히 높은데 대략 어느 정도의 시간이

소요되나요?

A: 주로 작업하는 MG(Master Grade) 건프라의 경우 5~10일 정도 걸리는 편이고, 사이즈가 크고 디테일한 PG(Perfect Grade)의 경우 3주까지도 걸리는 편입니다. 같은 등급이라도 부품 수에 따라 시간이 달라집니다. 작업은 먼저 부품들의 표면 정리 후 서페이서라는 도료를 뿌려 표면을 매끄럽게 만듭니다. 그리고 본 도색을 한 뒤에 조립을 시작합니다. 그 작업이 끝나면 먹선, 데칼 스티커, 마감재 등으로 마무리하는 순서입니다.

Q: 여건 상 도색을 본격적으로 하기 어려운 경우가 많은데, 그럴 때 권할 만한 방법이 있나요?

A: 조립상태에서 간단하게 먹선과 데칼 스티커 작업 후에 무광 스프레이로 마감만 해주어도 상당히 만족스런 결과물을 만들 수 있습니다. 요새 제품들은 사출색(제품의 원래 색깔)도 좋고 색분할(기체 곳곳의 세부적인 컬러를 재현해주는 것)도 좋아

ㄴ 검은 색으로 도색된 '사자비'. 원래는 붉은 색인 기체를 커스텀 제작한 것이다.

ㄴ 건담만 만드는 것이 아니다. 레진으로 제작된 〈이상한 바다의 나디아〉의 노틸러스호.

저 정도로도 꽤 좋은 퀄리티가 나옵니다.

Q: 도색뿐 아니라 파츠를 개조하는 작업도 한다고 들었습니다. 간단히 소개 부탁드립니다.
A: 원래의 건프라도 훌륭하지만, 취향에 맞게 무기를 추가, 디테일업, 패널라인 추가, 부품의 형태 변형 등을 병행한다면 진정으로 나만의 건프라를 가질 수 있습니다. 예를 들어 퍼티를 이용해 형태 자체를 변형시킬 수도 있고, 구멍을 가공해 메탈 파츠 등을 박아 넣을 수도 있습니다. 혹은 다른 건담 또는 밀리터리 파츠를 이용해 전혀 새로운 형태의 건프라로 만들 수도 있습니다. 순수

하게 상상으로 만드는 작업이기 때문에 무한대로 창작이 가능합니다. 초심자들에게는 난이도가 좀 있긴 하지만 급하게 생각하지 않고 조금씩 하다 보면 만족한 결과가 나올 것입니다.

Q: 마지막으로 작업에 대한 철학이 있다면 말씀해주세요.
A: 상상을 적극 활용하는 것이 제 작업의 철학입니다. 세상에 존재하지 않는 것을 상상으로 실물화시키는 것. 그것이 프라모델이 주는 엄청난 즐거움입니다. 그리고 한 작품 한 작품 최선을 다해야 결과물이 만족스럽다는 것은 당연하지만 불변의 진리입니다.

화룡점정, 데칼 장인 '델피'

도색이라는 것은 장난감이자 취미인 건담을 '작품'으로 만들어내는 과정이다. 하지만 여기에 하나 더 멋드러진 양념을 더하자면, '데칼' 스티커를 꼽을 수 있다. 위에 이야기한 것과 같이 같은 건담 모델이라도 어떤 데칼을 붙이냐에 따라서 완전히 다른 느낌이 날 수 있다. 그렇기 때문에 키트에 동봉된 데칼로는 뭔가 채워지지 않는 부분이 있기 마련인데, 네이버 ID '델피' 님은 이런 모델러들의 갈증이 만족될 수 있도록 직접 색다른 데칼을 제작하는 것으로 유명하다.

Q: 안녕하세요. 간단히 소개 부탁드리겠습니다.
A: 안녕하세요. ID '델피'로 활동하고 있는 부산에 거주하는 35세

유부남입니다. 현재 입시미술학원을 운영 중이며 건프라 관련 데 칼도 제작 중입니다.

Q: 데칼을 직접 제작하실 정도면 프라모델도 상당히 좋아하실 것 같은데 처음에 어떤 경로로 프라모델을 접하게 되신건가요?

A: 보통 30~40대 분들과 비슷할 겁니다. 대부분 어릴 때 문방구 앞 아카데미 키트나 타미야제 오토 키트들로 처음 접한 후 학업, 군대, 직장 때문에 30대 이후 생활이 안정이 되면 다시 프라모델 을 찾게 되죠. 저는 2008년 즈음, 집 근처 프라모델 가게에 갔다가 진열된 PG 스트라이크를 보고 반해 시작하게 되었습니다.

Q: 직접 데칼을 만들어보겠다고 생각하게 된 계기는 무엇인가요?

A: PG에는 데칼이 없거나 스티커 씰 만 동봉되어 있어 아쉬움을 느끼며 다른 사제 데칼을 사용했습니다. 몇 번 사용하다 디자 인이 조금 아쉬워 제가 직접 디자인 하여 부착하게 됐

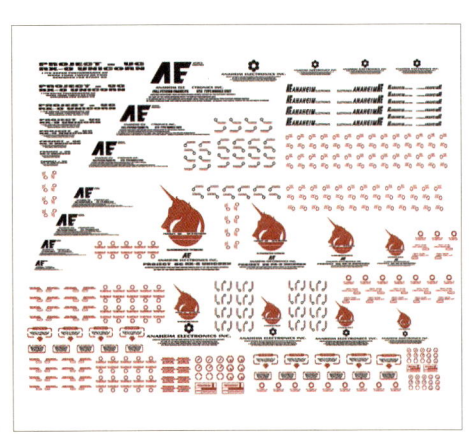

ㄴ 델피 님이 제작한 유니콘 건담용 데칼.
  이렇게 직접 만들 수 있다는 것이 신기하고 대단하다.

습니다. 그러다 보니 지금까지 많은 바리에이션을 제작하게 되었습니다.

Q: 건프라에서 데칼의 역할은 무엇일까요?

A: 디테일입니다. 요즘 키트들은 키트 자체 디테일이 많이 좋아졌지만 예전 키트들은 넓은 면적에 아무런 디테일이 들어가 있지 않거든요. 예를 들어 1/144 덴드로비움이라는 제품은 큰 덩치에도 불구하고 아무런 씰과 데칼이 들어 있지 않습니다. 그래서 가조립만 한 경우에는 하얀 두부를 보는 느낌입니다.

Q: 그렇군요. 데칼은 건담의 완성에 정말 중요한 역할을 하는 것 같습니다. 혹시 작업했던 건담 중에 몇 가지 소개해주실 수 있을까요?

A: 우선 '화이트 오거'가 있습니다. 기존 키트에도 도마뱀 데칼이 포함되어 있지만, 도마뱀이 아니라 도롱뇽같이 귀여운 이미지가 강한 화이트 오거와는 어울리지 않더군요. 상징성은 살리되 커스텀 요소를 추가해 인기가 많았습니다. 두 번째로 MG의 최종보스라 불리는

ㄴ 직접 제작한 데칼로 작업한 화이트 오거.

ㄴ 데칼을 이용해 기존 제품보다 화려함이 배가 된 EX-S 건담.

'EX-S 건담'입니다. 많은 부품 수와 조립 후 거대한 볼륨으로 만족감을 주지만 2퍼센트 아쉬움이 드는 키트였습니다. 센티널 기체같은 경우는 항공기나 우주선에서 메카닉적 모티브가 많이 느껴지는데요, 그래서 에어로 작례를 참고하며 데칼을 제작했습니다. 여기에 F1 레이싱과 같은 스폰서 데칼 느낌으로 화려함을 추가했습니다. 마지막으로 메탈빌드 시리즈를 참고해 제작한 '더블오 시리즈'들입니다. 우주세기(오리지널 기동전사 건담의 시간 축을 따르는 연대기) 건담과는 다른 분위기를 내기 위해 라인 데칼을 대거 사용했습니다. 라인 데칼은 기체의 유연한 각과 디테일을 더욱 잘살려 주기 때문에 가조와 데칼의 조합만으로도 높은 완성도를 보입니다.

Q: 아주 멋지네요. 이런 데칼 제작에 가장 많이 신경 쓰는 부분은 무엇인가요?

A: 크기입니다. 문양이나 폰트 데칼들은 크기를 다양하게 구성하면 취향에 따라 부착하면 되지만 요즘 건담 키트의 유행인 라인 데

┕ 라인 데칼을 활용한 더블오 시리즈.

칼 같은 경우는 크기와 각이 일치해야 하기 때문에 정말 많은 시간이 소요됩니다. 그래서 요즘은 키트가 출시되면 모든 키트를 구매하곤 합니다. 키트가 있어야 출력해보고 키트에 맞춰볼 수 있기 때문입니다.

Q: 마지막으로 프라모델, 또는 건담이 갖는 매력은 무엇이라고 생각하나요?

A: 조립 후의 만족감, 한정판이 주는 수집욕, 아니면 개조를 통한 디테일업과 같이 서로 다른 부분에서 매력을 느낍니다. 개인적으로 저는 '심미성'이라고 말하고 싶습니다. 프라모델의 관절 강도,

프레임의 디테일보다는 외적 아름다움이 매력이라 생각합니다. 대표적으로 건담에 날개가 달린 모양을 하고 있는 윙 건담 제로 커스텀의 조형미를 들 수 있습니다. 그래서 건프라뿐 아니라 아름다운 심미성을 가진 레진 피규어도 좋아합니다.

Q: 그렇군요. 혹시 앞으로 꼭 해보고 싶은 작업이 있나요?
A: 시간이 된다면 몬스터 같은 크리쳐와 메카닉, 인물이 합성된 조형물을 직접 제작해보고 싶습니다.

3장

마법의 조립 도구, 레고

레고,
폭풍 성장의 비밀

나는 얼마 전까지는 레고를 그렇게 좋아하지 않았다. 심지어 처음 키덜트 관련 플랫폼을 준비할 때 검색 키워드에서 빠트려 놓고도 모를 정도였으니…. 내가 처음 레고의 매력에 빠지지 않았던 가장 큰 이유는 건프라처럼 커스터마이즈할 수 있는 요소가 많지 않고, 주어진 대로 만들어야 한다는 점 때문이었다. 스티커를 다양하게 붙여본다든지, 색깔을 바꿔본다든지 하는 요소 없이 매뉴얼대로 따라 하며 완성하는 것이다 보니 '내 것'이라는 느낌이 약했기 때문이다. 완성품도 너무 '브릭'스러워서 뭐랄까, 건프라가 플레이스테이션(3D)이라면 레고는 슈퍼패미컴(16비트 픽셀) 같은 느낌이랄까? 아무튼 이런저런 이유로 처음에는 레고를 경시했었다. 주변에서 조금씩 레고 덕후들이 생기는 걸 보면서도 말이다.

자, 이게 얼마나 무식한 얘기였는지는 잠시 접어두고 먼저 객관적으로 한국 시장에서 레고의 성장세가 어떠한지를 살펴보자. 레고코리아의 국내 매출은 2008년 201억 원에서 2013년 1,460억 원으로 폭발적으로 성장했다. 대형마트는 주말 영업 제한 등으로 마트 전체 매출이 떨어졌음에도 마트 내 레고 매출은 80퍼센트 이상 뛰어올랐다고 한다. 매출이 1,000억 원이 넘는다는 것은 헤드폰 전체 매출과 맞먹는다는 얘기다. 이렇다 보니 총판에서 부탁해야 매장에 들어갈 수 있는 다른 완구와는 달리 레고는 매장 운영자들이 나서서 모셔가는 콘텐츠라고 한다. 과연 무슨 일이 있었기에 이렇게 급격한 성장세와 높은 몸값을 받게 된 것일까? 이번 장에서는 이 무시무시한 레고의 인기 원인에 대한 궁금증을 본격적으로 해결해보도록 하겠다.

어린이 파워, 닌자고와 키마

닌자고라고 들어보았는가? 아니라면 당신은 분명 어린이 채널을 한 번도 안 봤거나 대형마트보다 동네 슈퍼를 즐겨 이용하는 사람일 것이다.

ㄴ 닌자고 제품군 중 하나.
　 70738 드래곤 전함 최후의 출격.

ㄴ 닌자고는 이렇게 카드와 미니 피규어,
　 팽이형 스피너로 구성되어 있다.

바로 이 닌자 복면을 뒤집어쓴 레고, 스타워즈도 아니고 아이언맨도 아닌 이 녀석들이 최근 몇 년 동안 전 세계를 휩쓸어버린 무적의 닌자 군단 '닌자고'다. 미국에서 근무할 때 장난감 매장에 가면 온통 이 닌자고로 도배가 되어 있었다. 당시에 나는 레고에도 크게 관심이 없었고 더군다나 어린이용 만화를 전면으로 내세운 상품인지라 마치 뽀로로를 대하듯 먼 거리를 유지했다.

그러다가 이 닌자고를 불가피하게 들여다봐야 하는 계기가 생겼다. 2011년 닌텐도 DS로 발매된 〈레고 배틀: 닌자고〉 게임의 판매가 세계적으로 100만 장을 넘으면서(휴대용 기기로는 엄청난 판매량이다) 회사 업무로 관련 정보를 찾아보게 된 것이다. 먼저 배경 스토리를 짧게 훑어보자.

먼저 네 개의 황금 무기를 이용하는 '스핀짓주 마스터'를 통해 닌자고가 만들어졌다. 이 황금 무기는 너무 강력해서 스핀짓주 마스터가 죽은 뒤 그의 두 아들이 지키는 것으로 되어 있었으나 형이 어둠의 힘에 정복되어 이를 독점하려 한다. 형제간의 전투에서 동생이 승리해 형은 지하 세계에 갇히게 된다. 동생인 마스터 우는 네 명의 닌자에게 스핀짓주를 가르쳐 형인 가마돈이 보내는 지하 세계 군단에 대항한다.

그다지 신선할 것 없는 스토리지만 여기서 핵심은 바로 이 '스핀짓주'다. 스핀 동작을 기본으로 하는 이 무술은 닌자고 시리즈를 구매할 때 따라오는 스피너라는 회전 기구를 이용해 미니 피규어를 대결시키는 도구가 된다. 이와 더불어 동봉되는 '배틀 카드'라고 하는 수집형 카드 역시 닌자고 시리즈의 특징이다.

이 정도 되면 돈 냄새 잘 맡는 분들은 금방 '똑똑하군!' 싶을 거다. 어린 시절 88 팽이부터 최근에 폭발적인 인기를 얻은 한일 합작 애니메이션 〈탑 블레이드〉까지, 이 팽이라는 것은 전통적으로 어린이들의 심장을 벌렁거리게 하는 마성의 콘텐츠 중 하나이기 때문이다.

탑 블레이드 팽이의 전 세계 매출은 1조 원을 기록했다고 알려져 있다. 여기에 전 세계에서 250억 장이나 팔린 전무후무한 극강 카드 게임 〈유희왕〉의 카드 배틀 콘셉트를 도입했으니 어린이들이 열광할 만한 요소는 다 갖춘 셈이다.

이렇게 쌓인 화약고에 불을 붙여준 것이 바로 애니메이션이다. 2011년 말부터 텔레비전에서 방영된 〈닌자고〉 애니메이션은 〈뽀로로〉를 졸업한 남자아이들의 새로운 트렌드로 자리 잡으며 완구 매장에서 부모들의 지갑을 톡톡히 터는 역할을 했다.

손오공이라는 완구 업체가 거액을 투자하면서까지 〈탑 블레이드〉 애니메이션과 완구를 같이 제작한 것을 보더라도 완구를 염두에 둔 애니메이션의 성공은 엄청난 시너지 효과를 만들어낸다. 애니메이션이 방영되고 얼마 지나지 않은 2012년 10~12월간의 쇼핑 사이트 다나와 판매량에서는 닌자고가 62퍼센트로 압도적인 1위를 기록하고 있음을 보면 이런 효과는 더욱 분명해 보인다.

처음 유행이 시작된 미국에서는 〈나루토〉 등 일본 애니메이션의 인기로 '인술(닌자의 특수 기술)'을 쓰는 닌자에 대한 어린이들의 호감도가 매우 커졌다. 그때를 놓치지 않고 재빠르게 콘텐츠에 녹여 위에 열거한 성공 공식을 잘 버무려낸 레고의 비즈니스 능력에 감탄할 수밖에 없다.

ㄴ 요즘 어린이들의 대세! 레고 키마.

최근에는 '키마(CHIMA)'라는 라인이 닌자고의 인기를 이어받아 큰 인기를 끌고 있는데 이 역시 판타지물임에도 동양의 '기(氣)'라는 요소를 차용하고 있다.

레고의 제품군을 보면 서구권의 취향을 반영하고 있는 것이 눈에 띄게 보임에도 불구하고 한국에서도 폭발적인 인기를 누리는 것을 보면 레고는 이미 할리우드처럼 전 세계인의 소비 욕구를 읽어내는 능력을 갖췄다고 봐야 한다.

국내 레고 시장의 급성장세에는 키덜트 문화의 성장도 한몫하고 있지만 실질적으로는 이러한 저연령층 대상의 콘텐츠가 그 핵심이라고 보는 편이 옳을 것이다.

레고는 '키덜트 아빠'의 최적의 피난처

저연령층 제품군의 급성장에도 불구하고 레고는 더 이상 '또봇'과 같은 어린이 장난감으로 인식되지는 않는다. 성인용 라인이 따로 있는 것도 아니고, 그렇다고 제품 형태가 다른 것도 아닌데 왜 어른들은 왜 애들 장난감 같은 알록달록한 브릭 완구에 빠져들게 되는 것일까?

먼저 레고의 성인 주 소비층인 30대 남자들의 생활을 들여다보자. 인생에서 덕질이 흔들리는 몇 가지 고비가 오는데 그중 하나는 결혼이다. 냉장고를 좀 큰 걸로 바꿨으면 하는 아내의 눈빛에 아랑곳하지 않고 피

└ 아빠와 아이가 함께 만들기 좋은 레고 캠퍼밴.

└ 레고 75013 움바란 MHC. 이 정도 난이도면 어렵지 않게 만들어 멋지게 장식해놓을 수 있다.

규어를 사모으는 남편들, 결국 오래 버티지 못하고 매서운 아내의 눈초리에 추풍낙엽 떨어지듯 결국 덕심을 떨구고 만다.

하지만 이 정도 시련쯤 슬기롭게 무찌르는 영민한 덕후들이 적진 않다. 이게 가능한 이유는 첫째, 맞벌이일 경우 결혼 후 금전적인 여유가 생기기 때문이고, 둘째, 시간이 좀 지나면 부부가 같이할 것이 필요해지거나 셋째, 부부간의 취미를 존중해주자는 거국적 합의 등의 이유가 있을 것이다.

그러나 아이를 낳으면, 안타깝게도 수많은 덕후들이 이 시련만큼은 결국 넘지 못하고 고꾸라지고 만다. 마치 연예인이나 스포츠 스타에게 군입대 같은 시련이 바로 아이다. 게임을 좋아하는 사람은 속 편하게 헤드폰 끼고 길드원과 함께 레이드 뛰는 시간이 대폭 줄어들게 되고, 프라모델을 하던 사람은 신나와 스프레이 냄새라는 화학 무기를 아이 앞에서 살포할 수 없어 잠정 은퇴를 결심하기도 한다. 그나마 피규어 컬렉터들은 나은 편이나 넉넉한 형편이 아닐 경우 결국 자금 압박이라는 또 다른 복병 앞에 스르르 무너지고 만다.

그러나 이렇게 한동안 갓난아기에 매여 살던 마니아의 가슴속에 스멀스멀 덕심의 꽃이 다시 피기 시작하는 때가 있다. 바로 아이가 의사소통이 가능해지는 연령대, 즉 5세 정도가 되면서부터다. 왜 "휴덕은 있어도 탈덕은 없다"고 하지 않았던가.

이때 본인의 덕질 욕구도 만족하고 아이도 즐거우면서 아내의 눈치도 덜 보이는 최고의 선택이 바로 이 레고다. 우선 레고는 ABS(아크릴로 나이트릴 부타디엔 스티렌)이라는 인체에 무해한 재료를 쓰고 있어 유독성을 걱정할 필요가 없다. 또 접착제나 도료 등도 필요 없기 때문에 기본적으로 주어진 대로만 따라 한다면 상당히 만족스러운 작품을 만들 수 있다. 또한 레고의 많은 제품들이 챕터 형태로 나누어져 있기 때문에 아이와 함께 각자 만들면서 합체시키는 즐거움을 느낄 수 있는 점도 매력적이다.

친구 같은 아빠를 뜻하는 '프렌디(Friendy)'라는 신조어가 생길 만큼 아이와 놀아주는, 혹은 놀 줄 아는 아빠의 역할이 중요해지는 시대에 바로 이 레고는 덕심을 가진 아빠들의 좋은 핑곗거리가 될 수 있다. 아이를 키우다 보면 레고 하나 정도는 어차피 사주기 마련이다. 여기에 아내의 따가운 눈총을 피하면서도 자신의 조립 욕구를 만족시킬 수 있게 해주는 키덜트의 도피처, 그것이 바로 레고다.

영화 재밌게 보셨으면 레고 하나 가시죠?

한국의 키덜트 시장은 2007년 영화 〈트랜스포머〉, 〈스파이더맨 3〉, 〈판타스틱 4〉 그리고 2008년의 〈아이언맨〉과 〈다크나이트〉를 기폭제로 빠르게 성장하기 시작했다. 어른들도 '나 이거 좋아해'라고 당당하게 드러낼 수 있는 대중적인 서브컬처가 등장하기 시작한 것이다.

할리우드 영화의 파급력과 매력을 일찌감치 알고 있던 레고는 이미 오래전부터 〈스타워즈〉, 〈반지의 제왕〉 등을 통한 라이선스 제품을 만들어왔다. 1999년 〈스타워즈〉의 '포드레이서'를 시작으로 〈인디아나 존스〉, 〈배트맨〉, 〈해리포터〉, 〈캐리비언의 해적〉, 〈반지의 제왕〉 등 굵직한 영화들과의 제휴는 레고를 일반 대중에게까지 어필할 수 있는 상품으로 만들어주었다.

피규어의 매력은 내가

ㄴ 레고에 문외한이던 나도 한눈에 반해버린 레고 7784번 배트모빌.

ㄴ 히어로 물 하면 역시 아이언맨을 빼놓을 수 없다.

좋아하는 콘텐츠를 실물로 소유할 수 있다는 점인데, 레고는 이러한 욕구를 정확히 파악하고 여기에 레고만의 장점인 만드는 재미까지 녹여냈다. 생각해보시라. 〈캐리비언의 해적〉의 블랙펄을 직접 만들어 방에 장식해놓는 즐거움을. 앞서 레고를 좋아하지 않았다고 밝혔지만 솔직히 '7784번 배트모빌'을 보자마자 갖고 싶다는 욕망이 용솟음쳤던 적이 있음을 고백한다. 그만큼 레고의 판매 전략은 사람의 혼을 빼놓을 만큼 매력적이다.

무한한 가능성을 열어주는 '창작'

앞서 레고를 좋아하지 않았던 이유로 매뉴얼대로만 만들어야 한다는 점을 들었다. 하지만 향후 이것은 철저히 나의 무지에서 나온 것임을 알게 되었다. 레고의 궁극적 재미는 바로 '창작'에 있었던 것이다.

기본적으로 창작 레고라는 것은 다양한 부품을 이용해 자신만의 레

ㄴ 책 마을을 구현해낸 레고 창작 작품.

고를 만들어내는 과정이다. 레고의 접합 방식이 동일하다 보니 원하는 모양, 원하는 색깔로 커스터마이즈가 손쉬운 것이다. 그렇다고 하나에 10만 원을 호가하는 레고 제품을 부품 하나 구하자고 살 순 없는 노릇이다. 또 막상 괜찮다 싶어 구입했는데 생각과 다를 경우의 이미 비어버린 지갑과 함께 가슴이 찢어지는 허탈감이 몰려온다. 그러나 안심하시라. 이런 예상 가능한 문제들은 모두 레고의 공식 채널과 비공식 채널을 통한 해결책이 마련되어 있으니까.

 레고에서 공식으로 제공하는 LDD(LEGO Digital Designer)라는 툴은 컴퓨터에서 미리 원하는 브릭을 써서 레고를 만들어볼 수 있도록 한다. 이 외에도 비공식으로 잘 만들어진 툴도 존재한다. 그러므로 여기서 작업을 해본 뒤에 부품 판매 사이트에서 필요한 부품을 그대로 구매하면 그만이다.

관련 사이트로 국내에서 가장 유명한 곳은 '하비링크(www.hobbylink.co.kr)'라는 곳인데 여기서는 각종 레고 부품을 형태별로 정리해서 판매하고 있으며, 상대적으로 합리적인 가격과 풍부한 수량으로 레고 마니아들에게 큰 사랑을 받고 있다. 이 밖에도 브릭나라, 토이아제, 튜브앤스터더에서도 각종 부품을 판매하고 있다.

해외에서는 최근 넥슨 김정주 회장이 인수한 브릭링크(www.bricklink.com)라는 레고 거래 사이트가 유명하다. 부품뿐 아니라 단종된 한정판, 개인의 커스텀 레고까지 레고에 관련된 모든 것을 구할 수 있는 사이트라고 보면 된다. 2013년 10월 현재 7,394개의 스토어에서 2억 개가 넘는 제품을 판매하고 있다.

사실 해외에는 레고 공식 오프라인 스토어가 있어서 벌크 제품을 쉽게 살 수 있다. 하지만 한국은 아직 공식으로 운영하는 스토어가 없기

└ 레고 능력자는 죽은 프레디 머큐리도 부활시킨다.

때문에 아무래도 특정 사이트와 해외 구매에 의존할 수밖에 없는 상황이다. 창작 레고에 관해서는 뒤에서 좀 더 상세히 소개하도록 하겠다.

여기까지만 살펴보더라도 느낄 수 있을 것이다. 맞다. 레고는 장사를 참 잘한다. 레고는 어떻게 하면 유저들이 움직이고, 어떤 요소들이 사람들을 끌어당기는지를 너무나도 잘 알고 있다. 단순히 상품을 내놓는 것이 아니라 유저가 직접 참여해서 생산하도록 적절한 도구를 제공할 줄도 안다.

또 어린이들과 어른들이 각자 어떤 욕구를 갖고 있는지, 어디가 접점인지에 대해서도 정확하게 파악하고 있다. 세상의 어떤 장난감도 이렇게 넓은 층을 오랫동안 매료시키진 못했다. 매우 간단한 규칙과 이를 통해 만들어낼 수 있는 수많은 가능성이야말로 레고가 50년이 지나도 지금까지 사랑받는 무병장수의 비결이 아닐까?

마트에서 보던 레고의 정체

이마트나 홈플러스 같은 대형마트의 레고 코너에 가면 다양한 종류의 레고가 진열된 것을 볼 수 있다. 언뜻 봐도 상당히 다양한 종류가 비치되어 있는데 레고에 관심이 있다면 마트에 진열된 레고의 기본을 알아두는 것이 좋다. 레고의 역사는 상당히 길기 때문에 그동안 만들어진 분파가 꽤나 다양하다. 레고코리아의 공식 홈페이지에 가면 상당히 잘 분류되어 있으니 참고하길 바라며, 여기서는 대표적인 것들만 우선 살펴보도록 하자.

레고 시티

1978년 처음 '시티'라는 명칭으로 배포되었으나, 사실 1955년에 나

ㄴ 레고 시티 7939 카고 트레인.

온 '타운 플랜'이 그 시초라고 할 수 있다. 도시 건축물을 주된 테마로 하여 기차, 경찰서, 소방차 등 각종 건물과 차량 세트가 존재한다. 레고의 가장 전형적인 시리즈이며 몇 가지 세트를 통해 디오라마 형태로 마을을 구성하는 재미가 있다.

레고 미니 피규어

레고의 캐릭터를 통에 담아 랜덤 뽑기 형태로 판매하는 시리즈다. 2010년에 피에로, 원시인, 인디언, 닌자 등이 포함된 16종의 피규어를 담아 시리즈 1을 발매한 뒤로 2015년 현재 시리즈 13까지 발매되었다. 시리즈 10에는 일본의 뽑기 기계 가챠폰에서 자주 쓰는 수법인 시크릿

ㄴ 레고 덕후들의 주머니를 쏠쏠히 털어갔던 심슨 미니 피규어.

이 도입되어 마니아들의 '어그로'와 용돈을 동시에 뽑아냈다.

봉지 형태로 되어 있어 어렵지 않게 어느 정도 모양이 나온다고는 하지만, 이것도 막상 해보면 그리 쉽지 않아 조립하는 재미가 있다. 특별한 테마 없이 발매되다가 영화 〈레고 무비〉를 기점으로 심슨 미니 피규어 등 캐릭터를 갖춘 시리즈가 출시되고 있다.

레고 바이오니클

레고에서 액션 피규어까지 영역을 넓히기 위해 전략적으로 만들어진 시리즈다. 우선 3등신이었던 레고를 8등신, 쭉 뻗은 로봇으로 변신시켰고 더불어 탄탄한 스토리까지 덧붙였다. 2001년 처음 공개된 이후

로 텔레비전, 극장판 애니메이션, 게임까지 섭렵하며 큰 인기를 누렸지만 뒤로 갈수록 힘을 잃어 '히어로 팩토리'라는 시리즈로 대체되었다가 2015년에 리부트 판으로 부활했다.

ㄴ 레고 바이오니클 8924 막실로스와 스피낙스.

레고 크리에이터

레고 라인 중 가장 폭넓은 주제를 다루는 크리에이터는 기본적으로 상황 설정보다는 조립 자체에 초점을 맞춘 제품 라인이다. 건물, 자동차, 비행기 등이 주를 이루나 의외로 공룡, 악어 등의 생명체도 다룬다. 크게 모듈러 시리즈와 비히클류로 나눌 수 있는데, 비히클 제품 중 상당수는 하나의 제품으로 여러 형태를 만들 수 있다는 특징이 있다. 설명서가 제품에 포함되어 있거나 아예 3 in 1 같은 형태로 출시된다. 예를 들어 2010년의 '5892 소닉붐' 같은 경우에는 제트기, 트윈 프

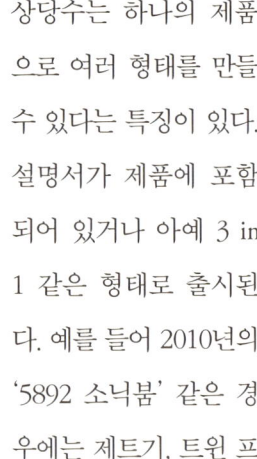

ㄴ 크리에이터에는 이런 귀여운 제품도 있다.

로펠러 비행기, 스피드 보트 등으로 변형이 가능하다.

한편 크리에이터의 서브 테마인 '모듈러'는 소위 '만번대'라고 불리는 상위 제품군의 대표적 라인으로 그 디테일과 단종으로 인한 희소성 때문에 인기가 아주 높다. 뒤에 더 자세히 소개하도록 하겠다.

레고 라이선스 테마

〈스타워즈〉, 〈캐리비언의 해적〉, 〈해리포터〉부터 〈스폰지밥〉까지. 이른바 잘나가는 할리우드 스타들을 모셔와서 레고로 만들어낸 이 시

ㄴ 최강의 부품 수를 자랑하는 밀레니엄 팔콘의 위엄.

리즈는 남녀노소 불문하고 레고에 손쉽게 접근하게 한 일등공신이다. 공식적으로 1999년 〈스타워즈〉 '포드레이서 7171'가 최초이지만 1970년대에 주유소와 항공사 브랜드와 협력한 것을 그 시발점으로 본다. 각종 테마 중 특히 〈스타워즈〉 시리즈의 인기가 상당히 높은데 무려 5,195개의 블록이 들어간 '밀레니엄 팔콘 10179', 전체 길이가 1미터에 달하는 '스타디스트로이어 10030' 등 총 200여 종의 세트가 존재한다.

최근에는 영화뿐 아니라 게임 〈마인크래프트〉를 테마로 한 제품도 출시되어 추후 어디까지 그 영역을 확장할지 궁금해진다.

레고 테크닉

'중급자 이상(experienced)'을 위한 레고라 할 수 있는 테크닉 시리즈는 크레인, F1 차량, 대형 트럭 등을 만들고 기초적인 작동까지 제공한다. '파워펑션'이라고 불리는 모터를 통해 기계 동작을 가능하게 하며 '9398 사륜구동 트롤러' 등의 일부 모델은 실제 RC 조작이 가능하다. 이 '파워펑션' 모터는 다양한 방식으로 사용이 가능하기 때문에 창작 레고에 많이 쓰인다.

레고 마인드 스톰

프로그래밍을 통해 로봇을 조작하는 마인드 스톰은 이미 조립 레고의 영역을 넘어선 제품군이다. 이는 레고의 가능성을 무한대로 열어버린 제품으로 MIT 대학과 연계해 개발한 상당히 산업 공학적인 레고다(기존 레고와 브릭 호환이 되지 않는다). 핵심 시스템은 RIS(Robotics

Invention System)에서 NXT('Next'의 줄임말), 최근에 EV3('Evolution'의 줄임말)로 진화했으며 점차 복수의 시스템을 연결해 다양한 행동을 가능하게 하는 방향으로 움직이고 있다. 프로그래밍은 기본적으로 C언어를 사용하나 매우 간단하게 만들

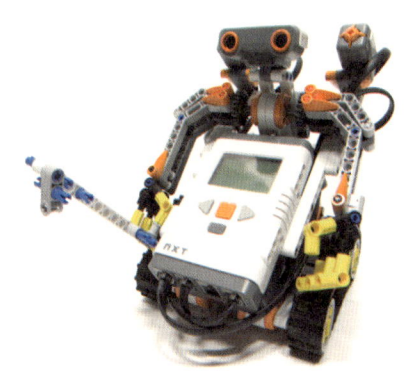

ㄴ 마인드 스톰으로 제작한 작품.

수 있도록 레고에서 소프트웨어를 제공한다. 마인드 스톰으로 만든 괴물 같은 작품들은 유튜브에서 손쉽게 찾아볼 수 있다. 대표적인 것으로 '큐브를 맞추는 레고(CubeStormerII)', '배틀 기기(Lego Mechanical Loom Machine)', '자동차 제조 라인(LEGO Car Production WHZ)' 등이 있다.

레고 만번대

특정 제품군 명칭은 아니나 많은 부품과 상당한 디테일을 자랑하는 제품들이 1만 번대의 번호를 받기 때문에 통칭 '만번대'라고 한다. 그러나 단순히 1만 번대라고 해서 만번대는 아니며(50~60피스짜리 봉지 레고도 1만번대다), 카페 10182, 그린 그로서 10185, 마켓 스트리트 10190, 소방서 10197, 그랜드 엠포리움 10211 등 모듈러 라인을 만번대로 부르는 경우가 많다. 물론 이 밖에도 스타워즈, 해적 시리즈 등 각 라인에서

도 만번대는 꾸준히 출시된다. 만번대 모델은 가격이 비싸고 단종을 자주 시킨다. 단종된 모델은 몇 년 이내에 가격이 몇 배가 뛰는 경우가 허다하기 때문에 '레고 재테크'로 많이 쓰이기도 한다.

이 밖에도 전통의 캐슬 시리즈, 어린이를 위한 듀플로(블록이 2배 크다), 여자아이용 프렌즈, 각종 아키텍쳐 등 다양한 제품군이 있으며 각각 타깃에 맞는 명확한 콘셉트를 갖고 있다. 50년에 걸쳐 만들어진 라인업을 보면 취향이 안 맞아서 레고를 못 한다는 얘기는 나오기 힘들 정도로 다양성을 갖추고 있음을 알 수 있다.

ㄴ 모듈러는 그냥도 예쁘지만, 모아놓으면 더 예쁘다.

레고의 종착역, 창작

앞서 잠깐 이야기했지만 레고의 진짜 매력은 조립을 넘어서 직접 하나의 조형물을 설계하고 블록을 취합해 만들어내는 과정에 있다. '브릭나라'나 '브릭인사이드' 같은 국내 정상급 커뮤니티에 가면 개인이 만든 엄청난 작품들을 공유하고 있는데, 어떤 것들은 마치 원래 제품으로 있었던 것이 아닌가 하는 착각을 불러일으킬 정도로 정교하다. 이뿐 아니라 매년 세계 각국을 돌며 레고로 탑을 쌓아 기네스 기록을 갱신하는 '레고 월드 타워' 이벤트처럼 여러 명이 참여하는 형태의 창작품도 가능하다.

이 모든 것을 가능하게 해주는 것은 역시 레고 블록이라는 정해진 형태가 있기 때문인데, 주변의 많은 프로그래머들이 레고에 빠지는 것도

└ 해외 창작품을 복원한 '스타벅스'. 창작 레고가 잘 성장할 수 있었던 배경에는 제품의 장점 외에도 든든한 후원군이 있었는데, 그건 바로 다름 아닌 레고 회사다.

이 구조와 무관하지 않다. 정형화된 부품(코드)을 갖고 어떻게 조합하느냐에 따라서 다양한 결과물이 나오는 점에서 둘은 상당히 유사하기 때문이다.

보통 뛰어난 게임 디자인의 요소로 "이지 투 런, 하드 투 마스터(Easy to learn, Hard to master)"를 이야기하는데 레고는 이 점에 있어선 정말 최고라고 볼 수 있다. 유치원 어린이도 금방 만들 수 있지만 새로운 요소를 구상하기 위해선 제품에 대한 이해도와 설계 능력이 요구된다는 점은 도전 욕구를 느끼게 하는 원동력이 된다.

레고 회사는 이렇게 주어진 틀을 변형하면서 개조하는 것에 적극적인 지원을 아끼지 않는다. 개인적으로 '아, 레고는 역시 덕심을 완벽히 파악하고 있구나'라고 느끼게 했던 것은 공식적으로 운영하는 '레고 아이디어(www.ideas.lego.com)'라는 사이트였다.

유저들은 이곳에 직접 만든 창작품들을 올릴 수 있는데, 이 중에는 〈포켓몬스터〉, 〈록맨〉, 또는 영화 〈아바타〉의 우주선 등 우리에게 익숙한 제품들이 많다. 방문자들은 사이트에 방문해서 마음에 드는 제품에 투표할 수 있으며 이것은 창작자들의 묘한 경쟁 심리를 자극한다.

레고의 덕심 흔들기는 여기서 끝나지 않는다. 투표수가 1만 개를 넘어가면 모든 창작 레고 마니아들의 꿈인 제품화를 검토하는 것이다.

이 제도는 전 세계 수많은 창작 레고 덕후들을 한 곳으로 모으는 효과를 발휘했다. 일본, 미국, 한국 등 수많은 국가에서 시시각각 기발한 창작품들이 제품화의 꿈을 꾸는 유저들의 손을 통해 세세한 설명과 함

ㄴ 레고 창작 능력자들은 이런 식으로 아예 새로운 것을 만들어내기도 한다.

께 지금 이 순간에도 활발히 업로드되고 있다. 내가 만든 작품이 단순히 커뮤니티에서 추천 100개를 받고 끝나는 것이 아니라 실제로 제품으로 나와 전 세계에 뿌려진다는 일은 상상만 해도 즐거운 일이다.

이처럼 레고는 유저들의 욕구를 정확히 파악했고 그 시스템을 만들어냈다. 일본 유저가 만든 심해 탐사선 '신카이 6500', 역시 일본 유저의 소혹성 탐사기 '하야부사', 게임 제작사에서 직접 참여해 만들어낸 '마인크래프트', 〈백투더퓨처〉 팬들이 만든 '백투더퓨처 드로리안'이 바로 실제로 이 사이트를 통해 유저 창작품이 상용화된 제품이다.

왜 사람들은 정해진 대로 하지 않고, 자꾸 직접 만들려고 하는 걸까? 다음 사진 속 제품인 스타크래프트 테란용 전함을 만든 유저는 만든 작품을 보관해놓지 않는다고 한다. 그는 작품을 만들고 사진을 찍은 다음에는 다 해체한다고 한다. 그 이유를 물었더니 "만드는 과정이 재미있지 결과는 중요하지 않기 때문"이라고 한다.

사실 선뜻 이해가 가지 않는 작업 방식이었다. 누가 프라모델을 만들고 나서 사진만 찍고 부수겠는가? 하지만 그는 구상한 작품을 만들기 위해 다양한 방법으로 연구해보고, 붙여보고, 다시 옮겨보는 과정에서 충분한 즐거움을 얻기 때문에 결과물은 그렇게 중요하지 않다고 말한다. 그러고 보니 예전 프라모델 동호회 사람들을 만났을 때 자신들이 피땀 흘려 만든 걸 그냥 주기도 한다고 들었다. 아마 비슷한 이유 아니었을까 싶다.

레고의 제품군이 다양해 보이지만 또 특정 취향을 가진 사람들에게는 굉장히 부족하게 느껴지는 라인업이다. 특히 일본 애니메이션 쪽이

ㄴ 스타크래프트 배틀크루져.

ㄴ 로봇 덕후들에게 최고의 조합인 에바 건담.

나 다소 폭력적인 영화는 다루지 않기 때문에 〈드래곤볼〉이라든지 〈기동전사 건담〉을 좋아하는 사람들은 아쉬움을 느낄 수밖에 없다. 브릭 인사이드에서 '규타'라는 ID로 활동하는 한 유저는 많은 사람들이 꿈꾸는 레고의 건담 라인을 직접 만들어내서 팬들에게 대리만족을 주는 것으로 유명하다. 왼쪽 사진은 로봇물의 대표적인 두 작품 건담과 에반게리온을 적절히 섞어낸 창작 레고로 로봇 마니아들에게 엄청난 호응을 받은 작품이다. 유튜브(EVA_GUNDAM, 1:31)에서 세부적인 동영상을 확인할 수 있으며 이외에도 SD 건담, 애플 매킨토시 또는 직접 조종이 가능한 배트맨 텀블러 등 창의적이면서도 덕들의 마음을 뜨겁게 하는 작품들을 그의 블로그(blog.naver.com/gyuta97)에서 확인할 수 있다.

'탄호이져'라는 네이버 ID의 유저는 레고 테크닉을 기반으로 다양하게 구동이 가능한 작품을 만들어 인기가 있다. 대학에서 기계과를 전공한 그는 레고 테크닉으로 구현할 수 있는 로봇 창작물의 가능성을 보고 다양한 가능성에 도전 중이다. 〈터미네이터 2〉의 헌터킬러 탱크를 모티프로 만든 그의 작품은 무한궤도를 이용해 리모컨 주행이 가능하며 팔과 머리 등도 모두 구동이 가능하다.

그는 "프라모델을 만들고 디스플레이용으로 놔두면서 뭔가 아쉬움이 있었는데 어느 날 레고 사이트에서 8043이라는 중장비 포크레인 테크닉이 모터와 수신기를 달고 리모컨으로 작동하는 것을 보고 충격을 받았습니다. '아 이거다' 싶어서 처음 연습 겸 9396 목재 운반 트럭을 구매했고 대학 졸업작품 때 이것으로 친구들에게 기동 모형을 설명하기도 했습니다"라고 말한다.

ㄴ ID 탄호이져의 역작인 〈터미네이터 2〉의 헌터킬러.

또한 그는 게임에 나오는 각종 기계류, 예를 들어 〈메탈슬러그 5〉의 1탄 보스가 무한궤도를 들어서 곡예를 부리듯 전진하거나 점프하는 장면이 있는데 이러한 장면을 실제로 재현해보는 것을 목표로 하고 있다고 한다.

당연히 해외에도 레고로 상상력을 구현해내는 수많은 덕후들이 존재한다. 뉴욕의 그래픽 디자이너인 바론 브렁크(Baron Von Brunk)는 닌텐도 64, 게임보이 등 다양한 게임 콘솔을 변신 로봇 형태의 레고로 구현해내며 해외 미디어에도 여러 번 소개가 되었다. 어릴 때부터 레고와 게임을 즐겼던 그는 〈젤다의 전설〉, 〈록맨〉 등의 게임 캐릭터를 주된 소재로 다룬다. 그러나 사실 그의 가장 유명한 작품은 초대형 닌텐도 게임기 컨트롤러다. 너비 150센티미터에 달하는 이 컨트롤러는 놀랍게

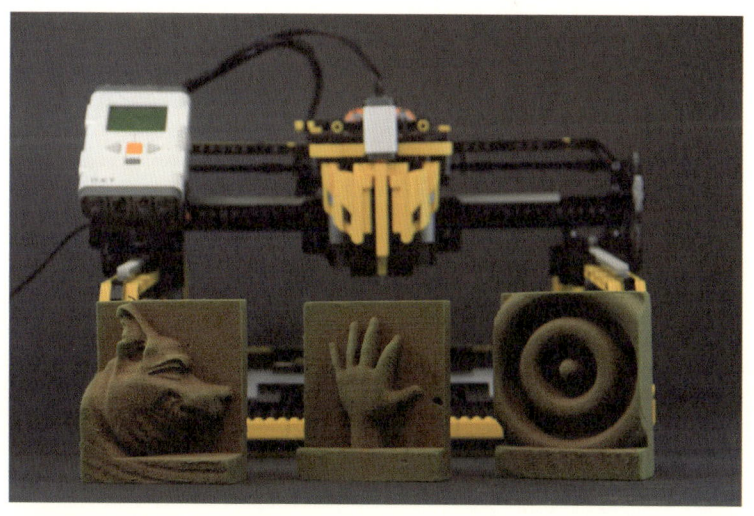

ㄴ 레고로 만든 3D 프린터. 레고로 만든 것이라고 믿겨지지 않을 만큼 정교하다.

도 실제로 작동한다(유튜브 'Baron von Brunk's Giant Functional LEGO NES Controller!', 3:55)

요즘 화제가 되고 있는 3D 프린터를 레고로 구현한 사례도 있다. 해외의 엔지니어인 아서 사세크(Arthur Sacek)는 마인드 스톰을 이용한 3D 절삭기를 제작했다. 유튜브 영상 'LEGO 3D Milling Machine'을 보면 마인드 스톰을 통해 프로그래밍된 레고 기기가 스펀지를 잘라 사람의 얼굴을 만들어내는 과정을 볼 수 있다. 그는 2005년도에 레고 절단기를 의뢰받아 만들었는데 이때 조금 더 복잡한 형태를 만들어볼 수 없을까 고민하면서 이 프로젝트를 준비하게 됐다고 한다. 3D 데이터를 NXT(레고 프로그래밍 브릭)에 옮기는 작업이 가장 힘들었으며 결국 텍스트 파일에서 맵을 입체적으로 읽어 들이는 프로그램을 직접 개발할 수밖에 없었다고 한다.

사실 레고의 최고 장점을 하나만 꼽자면 뭐니뭐니해도 '배울 필요가 없다'는 점이다. 단순히 레고 블록을 끼워 맞추는 법만 알면 작은 정원이든 거대한 항공모함이든 시간만 들이면 만들어낼 수 있다. 20년 만에 처음 잡는 사람도 일단 이 마법의 블록을 손에 쥐는 순간 과거의 풋풋한 추억과 함께 새로운 창작물에 대한 기대가 마음속을 가득 채워 버린다.

시간이 흘러 나이가 들어도 언제든 재미와 성취감을 만족시켜주는 장난감, 그것이 바로 레고가 아닐까? 마치 8비트 픽셀과 같이 직선적이면서도 따뜻하게 우리의 추억과 즐거움을 구현하는 레고, 세상은 계속 바뀌겠지만, 레고가 사라지는 날은 아마 영영 오지 않을 것 같다.

4장

추억을 즐겁게 간직하는 방법, 피규어

피규어 모으기가 취미인 남자

단도직입적으로 얘기해보자. "취미가 뭐예요?"라는 질문에 "피규어를 모읍니다"라고 답하는 남자의 이미지가 어떤가? 그렇다. 쿨하게 인정하자. 피규어는 이성이 볼 때 멋있는 취미는 아니다.

그런데 만일 "조각품을 모으고 있습니다"라고 했으면 훨씬 높은 점수를 받지 않았을까? 그런데 대체 저 조각품과 피규어는 뭐가 그렇게 다른 걸까? '조각품' 하면 굉장히 입체적인 토르소라든지 혹은 추상적으로 만들어진 사람이나 동물 작품 같은 것이 먼저 떠오른다. 그 외에도 많은 조각 작품들은 분명 그 당시 시대를 반영했던 작품일 것이다. 그러므로 거기에는 많은 이야기가 담겨 있고, 그 당시 사람들의 사상이 어느 정도 투영되어 있을 것이다.

같은 이유로 나는 지금 만들어지는 피규어들이 바로 시대를 반영하는 현대적 조각품이라고 생각한다. 〈아이언맨〉이 세계적인 히트를 치고, 피규어를 포함한 수많은 관련 상품들이 쏟아져 나왔다. 그중에는 영화의 한 장면을 섬세하게 묘사한 핫토이 같은 피규어도 있는가 하면, 넨도로이드처럼 형태만 따와서 완전히 재해석한 작품들도 있다. 이런 여러 가지 형태의 제품을 통해 자신이 좋아하는 콘텐츠를 실물로 소유하고 싶은 욕구, 그것이 바로 피규어를 좋아하는 사람들의 근본적 욕망이며 이는 예술품을 소유하고자 하는 심리와 크게 다르지 않다.

개인적으로 나는 어릴 때 보았던 〈근육맨〉 관련 제품을 수집하고 있고, 최근에 즐겨보는 〈원피스〉 피규어 역시 간간히 수집하고 있다.

가끔 '내가 왜 이걸 사는 거지?'라는 생각이 들어 되짚어보면 역시 내가 봤던 명장면이나 좋아하는 캐릭터를 가까이 두고, 소유하고 싶은 생각 때문이었다. 좋아하는 장면을 캡처한 포스터 같은 것도 사봤는데 확실히 느낌이 다르다. 피규어 특유의 입체감과 조형미는 내가 갖고 있던 평면적인 기억을 현실로 불러오는데, 그게 굉장한 즐거움을 주는 것이다.

특히 화질이나 작화의 디테일이 현시대의 작품보다는 아무래도 떨어지는 고전 만화영화나 영화를 정교한 피규어로 만나는 경우는 마치 클래식 명화가 리메이크(그것도 3D로!)돼서 나오는 것 같은 즐거움을 준다. 어릴 적 흐릿한 영상으로 봤던 〈터미네이터〉의 아널드 슈왈제네거를 모공까지 살아 숨 쉴 것 같은 디테일의 12인치 피규어로 만났을 때의 생동감은 영화를 감상할 때의 두근두근하던 추억까지도 불러내 준다.

하지만 꼭 리얼리티 넘치는 12인치 피규어를 사야만 추억을 소장하는 건 아니다. 몇 가지 특징만 갖춘 SD 캐릭터나 작은 열쇠고리 같은 피규어라도 상상력을 현실로 불러내 줄 '연결고리'만 있으면 충분히 제 역할을 할 수 있다. 〈에반게리온〉 원작 팬들도 배 나온 중년 곰돌이 모양을 한 '베어브릭'의 레이와 아스카(에반게리온의 히로인 캐릭터)에 열광하는 것을 보면 알 수 있다.

자, 그럼 왜 상상 속의 콘텐츠를 현실로 만들어주는 피규어 수집이라는 로맨틱한 취미가 어쩌다 남들 앞에서 얘기하지 못하는, 또는 당당히 얘기하면 점수가 깎이는 취미가 돼버린 걸까?

그건 언론에 비춰지는 미소녀 피규어 수집가들의 영향이 크다. 오해하지 마시라. 그들 탓을 하려는 것이 아니다. 멋진 예술 작품이 누드화면 어떻고 풍경화면 어떤가. 정확히 말하면 이 사태는 '미소녀 피규어'

ㄴ 내가 수집하는 〈근육맨〉 컬렉션. 어릴 때 가장 즐겨 봤던 만화다.

를 모으는 사람만 집중 조명해 자극적 방송을 만들어 피규어 애호가 전체를 변태 취급해버린 언론에 그 책임이 있다.

기억하는가. 예전 〈화성인 바이러스〉에 출연했던 소위 '십덕후' 이진규 씨. 이 분은 '페이트 테스타로사'라는 2D 애니메이션 캐릭터와 사랑에 빠져 평소에도 실물 크기 쿠션을 들고 다니며 캐릭터와 결혼 및 자녀 계획까지 있다고 말하는 상상초월의 입지전적 덕후다. 페이트 관련 상품에만 약 1,800만 원가량 썼다고 본인이 밝히기도 했으며 하나에 약 230만 원 정도 하는 캐릭터 구체 관절 인형도 보유하고 있다. 그의 덕력에 보는 사람은 혀를 내두를 수밖에 없다.

하지만 세상에는 원래 별의별 사람이 다 있기 마련이며 아마 더 특이한 사람도 어딘가 있을 것이다. 그러나 문제는 언론에서 이런 극단적 예시에 양념을 쳐서 자극적으로 내보내다 보니 사람들의 머릿속에는 '피규어 수집가 = 현실 도피형 미소녀 덕후'로 인식된다는 점이다.

애견가들 중에도 말티즈

ㄴ 커스텀 제작된 〈베르세르크〉의 가츠.

ㄴ 엔터베이 사에서 출시한 실물에 가까운 12인치 마이클 조던 피규어.

처럼 귀여운 강아지를 좋아하는 사람이 있는가 하면 그레이하운드 같은 날렵한 견종을 좋아하는 사람도 있다. 이처럼 각자 취향이 있고 스타일이 있는 법이지만 그동안 키덜트나 덕후로 언론에 소개된 케이스는 모두 자극적 재미를 위한 웃음거리 또는 변태적 집착으로만 포장됐기 때문에 적절한 규모로 즐겁게 수집하는 사람들도 모두 사람들의 이상한 눈초리를 받게 된 것이다.

사실 피규어라는 물체에 열광하는 이유를 따지고 보면 장르를 떠나 비슷한 목적이 있다고 볼 수 있다. 이소룡에 대한 마초적 동경이든, 〈아이언맨〉에 대한 팬덤이든, 혹은 미소녀 캐릭터에 대한 섹슈얼한 감정이든 우리의 환상과 동경을 실물로 구체화해주기 위해 존재하기 때문이다.

항상 화면 속에만 있던 캐릭터를 그 모습 그대로 꺼내서 우리 책상 위에 올려놓는 마법, 그게 피규어다. 내 가슴을 울렸던 그 장면을 소유하고 싶다는 욕구, 그건 사진 애호가나 조각품 애호가나 모두 마찬가지일 것이다. 피규어는 단지 그 바탕이 서브컬처일 뿐이라고 하면 지나친 비약일까?

살면서 감명 깊게 보았던 만화나 영화가 있다면 관련된 피규어를 미친 척하고 하나 사보자. 분명 그 작품이 더 가깝게 느껴지고, 오랫동안 생생하게 머리에 남을 테니 말이다. 그게 바로 소개팅보다 더 달콤한 피규어의 매력이다.

피규어도 나름의 분류법이 있다

피규어는 그 종류만 해도 상당히 많다. 당신이 초심자라 해도 리얼하게 생긴 놈과 머리만 큰놈, 또 그 중간 사이즈인 놈들 정도는 본 기억이 있지 않은가. 피규어는 종류가 워낙 다양하고 반다이나 타미야가 주도하는 프라모델과 달리 특성과 취향에 따라 다양한 업체가 세부 카테고리를 이끌고 있어 분류하는 것이 쉽지 않다. 아마 빠지거나 안 맞는 부분이 분명 존재하겠지만 빠른 이해를 위해 딴지를 각오하고 큰 범위에서 나눠보도록 하겠다.

SD 타입

SD라는 말은 'Super Deformed'의 약자로 '크게 변형된'이라는 뜻이다. 그만큼 전통적인 캐릭터의 형태(보통 8등신)와는 확연히 다른 독특한 모습이라고 할 수 있다. SD 캐릭터는 주로 2등신 혹은 3등신으로 머리가 비정상적으로 큰 형태이며, 여기에 팔다리도 극단적으로 짧다. 인간으로 따지면 가장 못난이 같은 비율이지만 이게 또 묘한 매력을 풍기기 때문에 많은 사람들이 SD 피규어를 찾는다.

대표적인 제품으로는 '넨도로이드'를 들 수 있다. '넨도로이드'는 일본의 굿스마일 컴퍼니가 만든 제품으로 2006년에 처음 발매됐다. 현재까지 아이언맨부터 하츠네 미쿠까지 350종이 넘는 제품이 출시됐으며 미소녀류, 동물류가 많다. 넨도로이드는 기존에 SD가 갖고 있던 통념, 즉 많은 부분이 생략되어 디테일이 부족하다는 점을 과감히 뒤집은 세밀한 조형을 그 무기로 한다. 나아가 각 부위별로 수많은 파츠와 소품을 갈아 끼울 수 있어 이용자가 자신의 취향에 맞게 다양한 표정과 동작을 연출할 수 있다는 것이 또 하나의 큰 장점이다. 넨도로이드 팬들의 연출 사진을 보면 마치 캐릭터가 3D 애니메이션으로 살아 있는 것처럼 다양한 표정을 짓고 동작을 구현한다. 워낙 발색과 조형이 좋아 적당히 폰카로 찍더라도 흐뭇한 미소를 짓게 하는 게 바로 넨도로이드다.

이 밖에도 일본의 팬슨웍스(Pansonworks), 미국의 키드로봇(Kidrobot) 등 다양한 회사에서 소프트비닐 SD 피규어를 출시하고 있다.

리얼 타입

핫토이, 엔터베이, 사이드쇼 등의 브랜드를 주축으로 하는 리얼 타입 피규어는 사진으로 찍어놓으면 실물과 구분이 안 될 정도의 리얼하

ㄴ 다양한 표정과 동작을 지닌 넨도로이드 제품.

고 세밀한 조형을 그 핵심으로 한다. 12인치 피규어(또는 1/6 피규어)가 주를 이루며 대략 30센티미터 정도의 높이라고 보면 된다. 과거 미국의 완구업체 하스브로가 만들던 장난감스러운 '지아이조'가 그 원형이지만 점차 발전에 발전을 거듭해 현재의 막강 디테일의 제품으로 진화했다. 물론 가격도 그만큼 진화했다.

요새는 핫토이 사의 제품이 대세라고 할 수 있는데, 그 발전의 중심에는 핫토이즈 프러덕션 코리아의 홍진철 이사를 비롯, 한국 원형사들의 뛰어난 조형 기술이 있다. 특히 이소룡 조형으로 이름을 널리 알린 김형언 씨는 작품 퀄리티가 매우 뛰어나 이소룡의 유가족이 초상권을 내주기도 했던 유명한 일화도 있다.

사실상 12인치 시장을 평정해버린 핫토이는 주로 〈터미네이터〉, 〈아이언맨〉, 〈다크나이트〉, 〈프레데터〉 등 헐리우드 액션과 SF 영화 관련 제품을 제작한다. 개인적으로 터미네이터 제품을 하나 갖고 있는데, 가죽 재킷과 벨트는 물론 피까지 세밀하게 재현한 로봇 팔을 보고 감탄을 금치 못했다. 여기에 샷건과 권총 등 무기류는 별도의 피규어로 팔아도 될 정도의 정교함을 자랑한다.

요새 나오는 제품들은 여기에 눈알까지 조작할 수 있는 도구가 들어

ㄴ 핫토이는 고가인 만큼 놀라운 재현을 보여준다.

있어 더욱 세밀한 표정 설정이 가능하다. 바디의 가동성은 상대적으로 떨어지나 요즘은 아예 포즈를 잡아서 나오는 제품군 등 지속적인 업그레이드가 이루어지고 있다.

  하나의 예술 작품으로서도 충분히 가치가 있는 이 리얼 타입 피규어들의 유일한 단점은 가격이다. 뛰어난 퀄리티와 함께 단가가 점점 높아져 지금은 20만 원을 호가한다. 물론 희소성에 따라 그 이상을 지불해야 손에 넣을 수 있는 경우도 많다. 그래도 한두 개 정도 사보면 절대 후회하지 않을 것이다. 보통 한두 개로 끝나지 않는 게 문제지만.

ㄴ 메디콤 사의 유명 일렉트로니카 듀오 다프트 펑크 12인치 피규어.

미니 뽑기 타입

미니 뽑기 타입은 특히 조심할 필요가 있다. 가볍게 시작하기 좋은 대신 서서히 당신을 옭아맬 무서운 중독성을 지녔기 때문이다. 게다가 더 위험한 건 비단 피규어숍뿐 아니라 팬시용품점이나 서점 등 곳곳에 잠복해 있어 귀엽다고 쉽게 손을 댔다가는 큰 피규어 못지않은 증식력에 지갑이 탈탈 털릴 수도 있다.

미니 뽑기 타입은 크게 두 종류로 나눌 수 있다. 하나는 '가챠폰'이라고 하는 캡슐 뽑기 머신에서 뽑는 타입이다. 캡슐에 들어 있는 만큼 상당히 작고 가격 역시 약 1,000~2,000원 정도 선이다. 따라서 그만큼 상대적으로 디테일은 떨어진다. 하지만 고양이나 변기 미니어처 등의 독

ㄴ 일본에서 선풍적인 인기를 끈 '컵 위의 후치코'.

특한 소재와 실용적인 요소(연필꽂이나 핸드폰 스탠드 등)를 도입해 마니아들에게 꾸준히 사랑받고 있다.

다른 하나는 작은 박스 안에 특정 주제와 관련된 미니 피규어가 들어 있는 형태로, 종류마다 다르나 대략 6종부터 24종이 모여 풀세트가 된다. 이 풀세트를 '홀박스'라고 부르기도 한다. 가격은 대략 4,000원에서 15,000원 사이다.

이 두 종류의 공통점은 역시 선택권이 없다는 것이다. 박스나 캡슐 안에 뭐가 들어 있는지 모르기 때문에 일단 사서 뜯어봐야 한다. 손쉽게 예상되듯 같은 놈이 여러 번 나와서 좌절하는 경우도 발생하는데, 뭐 어쩔 수 없다. 바로 중고로 팔거나 원하는 것으로 교환하는 수밖에.

ㄴ '큐브릭'이라는 제품도 뽑기 타입이 있다. 사진은 루팡 3세 '칼리오스트로 성' 시리즈 중 일부 제품이다.

그렇기 때문에 이런 종류의 피규어를 공식 명칭으로 '트레이딩 피규어'라고 부른다.

이 트레이딩 피규어에 대해서는 5장에서 좀 더 자세히 알아보자.

캐릭터 재현 타입

캐릭터 재현 타입은 애니메이션이나 영화의 캐릭터 자체 또는 포즈를 최대한 비슷하게 재현하는 것을 목적으로 하는 제품군이다.

카이요도라는 회사에서 제작하는 '리볼텍'이라는 브랜드는 리볼버 조인트라는 기믹을 이용해 아주 다양한 포즈, 예를 들면 달리는 자세나 레슬링 기술을 거는 자세를 마음껏 재현할 수 있게 해놓았다. 매끄럽게

ㄴ 애니메이션에서 튀어나온 듯한
   퀄리티, 피그마.

ㄴ 알터 사에서 나온
   케이온의 유이 피규어.

ㄴ 가동성에서는 최고인 리볼텍.

마감된 고정 피규어에 비하면 다소 관절들의 질감이 거칠지만 애니메이션이나 영화에서 보았던 자세를 그대로 재현할 수 있다는 것은 큰 매력이다.

리볼텍 정도는 아니지만 원형의 맛을 그대로 유지하면서 상당히 좋은 가동성을 유지하는 '피그마'라는 브랜드도 있다. 마치 캐릭터를 3D 영상으로 재현한 것 같은 훌륭한 발색과 비율과 함께 적절한 가동성까지 더해져 (최소한 일본에서는) 현재 가장 인기 있는 피규어 브랜드라고 봐도 과언이 아니다.

이외에도 메디코스 사의 초상가동, 반다이의 로봇혼, S. H. 피규어아츠, 알터 등 다양한 브랜드가 있는데 전체적으로 4~7만 원 정도의 가격대면 좋은 퀄리티의 제품을 구입할 수 있어 인기가 높다. 다만 가동성과 캐릭터 싱크로율은 정비례 관계가 아니므로 어느 쪽에 비중을 두느냐에 따라 선택하는 것이 현명하다.

사실 피규어 마니아들 사이에서는 지금 얘기한 피규어 구분 방식보다는 레진, 콜드캐스트, PVC 같은 재질을 통한 구분이 더 보편적이다.

여하튼 피규어의 종류가 이처럼 다양한 이유는 사람들이 피규어를 통해 추구하는 목표가 다르기 때문이다. 누군가는 캐릭터를 있는 그대로 간직하고 싶어 하고, 누군가는 장면을 간직하고 싶어 한다. 또 누군가는 스토리를 간직하고 싶어 한다. 거꾸로 다양하게 해석된 피규어를 통해 콘텐츠의 숨었던 재미를 발견하기도 한다.

위에 소개한 것 외에도 다양한 종류의 피규어가 있으니 한번 둘러보고 본인이 꽂히는 걸 한번 사보시라. 분명 재미있게 봤던 그 장면들을 떠올리며 흐뭇하게 미소 짓는 자신을 발견하게 될 것이다.

피규어, 어떻게 하면 잘 보관할까요?

피규어는 생명력을 갖고 증식한다. 이유는 단정할 수 없지만, 주변에 한 번도 안 산 사람은 많아도, 하나만 사고 만 사람은 거의 없다는 것이 이를 뒷받침한다. 아마도 피규어의 매력 또는 마력을 한번 알아버리면 쉽게 손을 떼기가 어렵기 때문이 아닐까?

〈원피스〉처럼 캐릭터성이 강한 콘텐츠의 경우 웬만해선 '루피만 좋아. 나머진 다 별로야!'라고 하긴 쉽지 않다. 캐릭터들 각각의 매력이 뛰어나고, 작가가 지속적으로 모든 캐릭터를 좋아하지 않을 수 없도록 비하인드 스토리를 선보이기 때문이다(우리의 지갑을 털어가는 얄미운 분이다).

선악구조가 분명한 미국 콘텐츠에 비해 일본 작품들은 전반적으로 선과 악의 경계가 불분명한 경우가 많다. 〈기동전사 건담〉도 굳이 말하자면 아무로 레이가 착한 놈, 샤아 아즈나블이 나쁜 놈이지만 샤아의 인간적 갈등에 공감할 수밖에 없어 인기 투표에서 항상 아무로를 앞지른다. 〈진격의 거인〉은 아직 스토리가 진행 중이긴 하나 거인이 인간과 밀접한 관계를 갖는다는 것을 암시함으로써 증오의 대상으로서의 '적'으로 규정하기 어려운 상황을 만든다.

앞서 예로 든 〈원피스〉 역시 실질적으로 나쁜 놈인 해적의 입장에서 스토리가 그려지면서 해군이 적으로 규정되지만, 주인공 루피의 할아버지가 해군이기도 하는 등 결국 개개인의 입장 차이로 선악 판단을 유보하는 경우가 많다. 이런 작품들의 팬이 되고 나면 아군뿐 아니라 적군 캐릭터에 대해서도 애착을 갖게 될 가능성이 높아지고, 결국 자연스럽게 피규어 증식으로 이어지는 것이다.

한편 〈아이언맨〉처럼 주인공의 매력이 독보적이고 선악이 비교적 명확한 경우는 상대적으로 소품종 고품질로 수집하는

ㄴ 〈원피스〉에 헌납한 나의 장식칸. 주머니는 가벼워도 만족스럽다.

ㄴ 아이언맨 12인치만 해도 다양한 종류가 있다.

경우가 많다. 이 부분을 정확히 뚫고 들어온 회사가 핫토이라 할 수 있다. 핫토이를 대표하는 리얼 피규어들은 단가가 20만 원을 가볍게 넘는다. 하지만 이들이 생산하는 제품들은 할리우드 슈퍼히어로 계열의 주연을 중심으로 한 콘텐츠 주를 이루고 있기 때문에 연재형 애니메이션처럼 조연의 비중이 큰 콘텐츠보다 훨씬 궁합이 잘 맞는다. 아이언맨 또는 토니 스타크를 완벽하게 재현하는 것으로 〈아이언맨〉이라는 영화 팬의 대부분을 사로잡을 수 있는 것이다.

그럼 아이언맨 같은 건 하나만 사도 충분하지 않겠냐고? 그렇게 호락호락한 게 아니다. 핫토이에서 발매한 아이언맨만 해도 무려 30종이 넘는다. 아이언맨은 수트의 종류가 다양하기 때문이겠지만, 상대적으로 변화가 적게 느껴지는 '배트맨'도 12인치로만 10종 가까이 된다. 이렇게 나오는 이유는 우선 시리즈가 계속 되면서 어쩌면 고의로 조금씩 변형되는 외관에 맞추기 위함이기도 하고, 또 특정 장면을 재현하기 위해 소품이나 분위기가 조율되기도 하기 때문이다. 그러다 보니 이 정도고가 제품에 손을 댈 정도로 콘텐츠를 사랑하는 덕후들은 지속적인 유혹에 노출될 수밖에 없다.

결국 12인치 피규어가 됐든 애니메이션 피규어가 됐든 증식은 피할 수 없는 운명이다. 피할 수 없으면 즐기는 수밖에 없다. '그래, 장식이라도 잘해보자'라는 밝고 긍정적인 마음을 가져보도록 하자.

피규어, 제품 타입에 맞게 전시하자

피규어를 소유하고 있다는 것은 자신에게 즐거움을 준 영화 또는 애니메이션을 구체적인 형태로 소유하고 싶다는 것이니 실질적으로 이를 적절히 배치하는 것도 상당히 중요하다. 자리가 모자란다고 건담, 아이언맨, 페이트 미소녀 피규어 구분 없이 한 칸에 마구잡이로 쑤셔넣는 짓은 제발 하지 말자. 그건 단지 '보관'일 뿐, 장식이 아니다.

한 칸에는 같은 콘텐츠가 들어가는 게 좋다. 피규어는 결국 콘텐츠를 물리적으로 구체화한 것이니 같은 콘텐츠끼리 모으는 것이 보기에도 좋다. 나는 크기 상관없이 〈원피스〉 칸에는 원피스만, 〈근육맨〉 칸에는 근육맨만 놓는다. 같은 캐릭터라도 6인치, SD형 미니 캐릭터, 또 중간 사이즈 등 다양한 방식으로 나와 있기 때문에 같은 캐릭터라도 같이 놓고 비교해서 보는 재미가 있다.

인간형 피규어는 아니지만 나는 〈샤아의 역습〉에서 아무로 레이가 탔던 '뉴건담(또는 누건담)'이라는 건담 기체를 매우 좋아하는데 사진과 같이 이 기체만 모아서 한 칸을 채워 넣고 있다. 이렇게 전시해놓을 경우 위에 얘기한 것처럼 비교하는 재미가 있을 뿐 아니라 색의 통일감이 있어 미적으로도 보기에 좋다. 특히 건담의 경우는 연대기별로 장식하거나 TV 시리즈별로 구분하는 사람도 많은데 하나의 추억을 한 칸에 모으고 싶다는 점에선 비슷한 느낌의 분류법이지 않나 싶다.

그러나 베어브릭이나 큐브릭같이 콘텐츠보다 형태와 디자인 또는 시리즈 넘버가 중요한 디자인 중심의 피규어는 물리적으로 높이 차이가 거의 없고 포즈가 비교적 단순하기 때문에 한군데에 늘어놓으면 군대 사열식처럼 진열이 되어 뒷모습은 거의 보이지 않는다. 그렇기 때문에 자작 아크릴 장을 짜서 벽면에 붙여놓는 방식을 택하기도 한다. 각각의 제품이 정교하고 전체적으로 정돈된 느낌을 주기 때문에 인테리어

ㄴ (위) 하츠네 미쿠로 테마를 잡은 장식장.
ㄴ (아래) 미니 피규어 역시 아크릴 장으로 전시하면 모양새가 좋다.

ㄴ 나름의 분류법으로 많은 양이지만 꼼꼼하게 잘 배치되어 있다.

소품으로도 꽤 의미가 있다. '레고 미니 피규어'도 이와 같은 방식으로 진열하기도 한다.

한편 12인치 피규어를 모으는 분들은 각각의 임팩트가 크다 보니 복잡하게 전시하는 것을 지양하는 경향이 있다. 〈어벤져스〉처럼 영화 자체가 올스타전인 경우는 예외지만, 많은 경우 단독 피규어의 매력이 잘 살 수 있는 공간 배치를 중시한다.

각종 피규어 리뷰 블로그로 유명한 ID Kato의 블로그(blog.naver.com/kjh2434)를 보면 12인치 피규어가 100체 가량 있는데, 이를 다 꺼내서 전시하기보다는 그때그때 콘셉트와 기분에 맞는 것으로 골라 전시한다고 한다. 어차피 공간 문제가 있으니, 마치 백화점 매장에서 주기적으로 테마를 잡고 디스플레이와 분위기를 연출하는 것처럼 피규어를 전시하는 것이다. 12인치와 스태츄류의 피규어는 아무래도 볼륨감이 있으니 적절한 포즈와 소품을 곁들인다면 단독으로도 강렬한 느낌을 연출할 수 있는 장점이 있다. 그러므로 옆에 SD 캐릭터라든지, 이질적인 캐릭터를 놓는 것은 거꾸로 감정이입에 방해가 될 수 있다.

또 다른 컬렉터는 핫토이의 경우 사이즈별로 구분한 뒤, 주조연급에 따라 배치를 나누고 일본 애니메이션 피규어는 만화의 일러스트처럼 작고 큰 녀석들을 적절히 섞어놓는다고 한다.

먼지, 습기, 온도도 관리가 필요하다

개인적인 취향에 따라 달라지는 전시 방식과 달리 상식으로 알고 있어야 하는 피규어 관리 방법이 있다. 아무리 멋지게 전시해놓더라도 먼지가 뽀얗게 쌓이거나 누렇게 변색되어 있다면 그 느낌이 반감할 수밖에 없다. 적지 않은 노력과 자금을 들여서 산 소중한 컬렉션인 만큼 항상 최상의 상태가 되도록 유지하는 것이 중요하다.

먼저 대부분의 피규어 재질인 PVC는 온도와 습도에 약하다는 것을 꼭 기억해두자. 즉, 여름에 잘못 보관하면 앞으로 쏠리거나 빳빳이 서 있어야 할 부품의 각도가 흐트러지고 만다. 물론 요새 나오는 제품들은 이런 부분에 대한 처리가 잘되어 있다고는 하나 그렇다고 사우나에서도 끄떡 없다는 말은 아니다. 습도는 특히 천이나 가죽으로 된 의상에 곰팡이를 피게 하는 경우도 있으므로 아예 제습기를 틀어놓거나 여건이 안 된다면 소주잔에 물먹는 하마 리필용을 넣고 작은 망으로 감싸놓는 방법을 이용해도 좋다. 그럼에도 불구하고 저주를 받아 곰팡이가 피어 버렸다면 울샴푸로 세척하거나 분무형 곰팡이 제거제를 물과 희석해(원액으로 하면 의상이 탈색될 수 있다) 키친 타올 등으로 닦아주면 된다.

직사광선도 역시 피해야 한다. 직사광선을 오래 쬐면 도색이 갈라지거나 변색될 우려가 있다. 변색의 또 다른 이유로는 흡연도 빼놓을 수 없는데, 담배 연기는 피규어 표면을 누렇게 만든다.

먼지도 주의해야 한다. 단순히 미관 때문이 아니라 먼지가 계속 쌓이면 산성 물질이 피규어의 표면을 변색시키거나 끈적거리게 만들기 때문이다. 먼지는 천에 물을 적셔서 닦아내거나 미술용 붓 등으로 살살 털어내면 된다. 먼지가 쌓이지 않게 하기 위해 박스 채로 보관하는 사람들이 꽤 많은데, 이는 좋은 방법이 아니다. PVC로 상품을 제작할 때 쓰는 가소제는 시간이 지나면 증발하게 되는데 박스 안에 있으면 이것이 피규어를 끈적하게 만드는 원인이 되기도 한다.

여기에 마지막으로 하나 더 신경 써야 하는 것이 바로 '어린이의 습격'이다. 우리에겐 추억과 함께하는 작품이지만, 어린이들에게는 그저 또봇류의 하나일 뿐이다. 어린이들의 습격을 대비하기 위해서는 장식장을 걸어 잠그는 수밖에 없다. 피규어야 상대적으로 부러질 일은 적지만, 건담 같은 프라모델의 경우 아이들의 습격에 팔다리가 나가 떨어졌다는 사례는 수도 없이 많다. 어린이들의 습격이 예상될 경우에는 별도의 방에 보관하거나 잠금 장치를 꼭 해놓도록 하자.

이상으로 덕질의 꽃인 피규어에 대해 살펴보았다. 앞서 말했듯 피규어는 현대적인 조형품이자, 추억의 매개체다. 피규어를 꼭 수집하라는

ㄴ 추억 속 〈오! 나의 여신님〉을 멋지게 재현한 피규어.

ㄴ 〈스트리트 파이터〉의 한 장면을 실감 나게 연출한 피규어.

얘기는 아니지만 한때 〈드래곤볼〉이나 〈슬램덩크〉 또는 〈스타워즈〉나 〈아이언맨〉에 빠져본 경험이 있다면 그냥 기억 속에 남겨놓기보다는 하나의 형태로 간직하는 것도 좋다고 생각한다. 우연히 디테일이 좋아 산 〈아톰〉의 디오라마 피규어 세트에 동봉된 스토리 시트를 읽고, 다시 만화 줄거리를 찾아보면서 '아 이런 에피소드가 있었지! 이 장면은 감동이었지' 하면서 흐뭇했던 기억이 있다. 그리고 그 피규어를 볼 때마다 그 스토리가 같이 떠오르면서 점점 애착을 갖게 되었다. 바로 이런 것이 피규어의 즐거움 아닐까?

한 피규어 컬렉터는 단순히 많은 피규어를 보유하고 있다고 해서 피규어에 대한 애착이 남다르다는 것은 아니라고 이야기한 적이 있다. 내가 좋아하는 것, 나의 추억이 담긴 것을 갖고 싶은 마음을 충족된다면 그것만으로도 취미 생활을 충실히 하고 있다고 생각한다. 물론 내가 원하는 것이 우연히 남들이 매우 원하는 것이라서 밤새 해외 경매 사이트를 뒤져야 하는 경우도 많지만, 반대로 어디서나 볼 수 있는 피규어라도 추억을 채워 줄 수 있는 것이라면 충분하다.

혹시라도 책상이나 책장에 빈 공간을 채워야 한다면 다음에는 피규어를 한두 개라도 올려놓아 보자. 단언컨대, 어떤 장식품보다 더 자주 들여다보게 될 것이다.

5장

수집을 위해 태어난 작은 악마들, 트레이딩 피규어

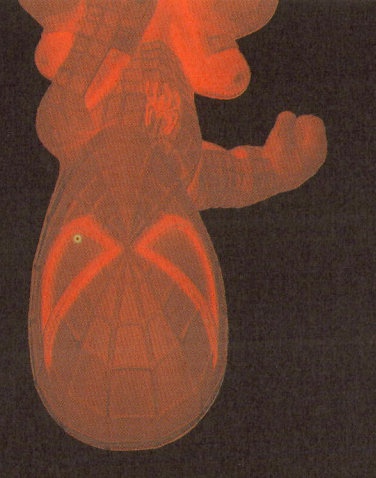

뽑기의 마력, 풀파워 전개

앞서 4장에서 잠깐 소개했던 '트레이딩 피규어', 이 녀석은 작지만 절대 만만하게 볼 수 없는 놈이다. 싼 가격과 그 앙증맞음으로 결국에는 수십, 수백만 원의 재산 피해를 입히는 경우가 부지기수이기 때문이다.

트레이딩 피규어, '블라인드 박스(Blind Box)'라고도 불리는 이 피규어는 아무래도 기존의 콘텐츠를 응용한 제품이 많다. 예를 들어 〈원피스〉라든지 〈심슨〉 등 유명 콘텐츠의 캐릭터 피규어를 내용물을 알 수 없는 박스에 넣어 랜덤으로 제공하는 형태다. 보통 시즌 등으로 끊는 경우가 많아 나름 집중력 있게 캐릭터를 모을 수 있는 장점이 있긴 하지만, 전혀 원치 않는 캐릭터가 나왔을 경우는 시큰둥할 수밖에 없다.

그럼에도 불구하고 이 트레이딩 피규어를 끊을 수 없는 이유가 있다.

첫째, 이 트레이딩 피규어로만 나오는 캐릭터가 꽤 있다는 점이다. 시즌이나 에피소드별로 끊어서 적게는 6종, 많게는 24종까지 일괄 발매하기 때문에 일반적으로 접하기 힘든 비인기 캐릭터, 혹은 색다른 복장 등을 구할 수 있는 유일하거나 손쉬운 길이다.

둘째, 가격이 싸다. 피규어를 사보지 않은 사람들에게 최하 2만 원이 넘는 6인치 피규어의 가격은 약간 부담스럽다. 주변에 애니메이션에 크게 관심은 없지만 장식용으로 피규어를 구매하고 싶어 하는 사람들도 꽤 있는데, 이런 사람들은 가벼운 마음으로 작은 트레이딩 피규어를 구매하곤 한다.

세 번째로는 뽑기 자체의 재미다. 일단 꽝은 없기 때문에 안전하게 좋은 게 나오길 기대하는 두근거림, 그리고 정말 좋은 게 나왔을 때의 엄청난 기쁨이 자꾸 트레이딩 피규어에 손이 가는 이유일 것이다. 딱히 모으는 것은 아니라도 시리즈 구성품 중 원하는 아이템이 나왔을 때의 쾌감은 상당하다. 그래서 마치 뽑기 게임처럼 즐기는 사람들도 적지 않다.

나도 결국 첫 번째와 두 번째 이유로 슬슬 손을 대기 시작했었는데, 예를 들면 이렇다. 한창 〈원피스〉에 빠져 있던 시기에 '하늘섬'이라는 에피소드를 재밌게 보았다. 그러다 우연히 피규어숍에 들려서 이 에피소드를 다루는 트레이딩 피규어를 보고 하나 구입하게 됐다. 열어보니 마침 맘에 들었던 캐릭터가 나오는 게 아닌가? 기분이 좋아져 그 다음 주에 또 들려서 두 개를 사고 말았다. 그렇게 세워놓고 보니 뭔가 허전한 것이다. '좀 더 사서 채워놔야겠다'고 생각하다가 '근데 만약에 같은 캐릭터가 나오면 어떡하지? 완전 돈 날리는 것 아닌가?' 하는 생각

ㄴ 〈원피스〉 하늘섬 에피소드 캐릭터를 담은 트레이딩 피규어 세트.

이 들었다. 정신을 차려 보니 중고판매 사이트에서 해당 시리즈의 풀세트를 검색하고 있는 스스로를 발견하게 됐다. 지금은 결국 24종이 들어 있는 풀세트를 구매하는 데 성공했고 내친 김에 장식 케이스까지 구매해서 전시해놓고 있는 상태다.

그런데 심지어 이게 끝이 아니다. 반성은커녕 '그래, 애니메이션 시리즈에 맞춰서 기념할 만한 피규어 정도는 살 수 있잖아? 하나에 겨우 5,000원인데' 하는 생각이 스멀스멀 들더니 이후 한동안 에피소드 진행에 따라 피규어를 구매하는 악습관을 갖게 됐다. 나 같은 사람이 많 았는지 〈원피스〉의 경우 '월드 컬렉터블'이라고 해서 시리즈 횟수를 아예 옆에 적어놓고 해당 횟수에 출현한 캐릭터가 들어 있는 피규어를 판

ㄴ 〈원피스〉 월드 컬렉터블 시리즈. 약간 비싼 가격(1만 원 이상)임에도 그에 걸맞는 퀄리티 때문에 인기가 높다.

매하기도 한다.

　사실 이 정도의 수집은 원작의 팬이라면 어느 정도 수긍할 수 있는 범위라고 생각한다. 그러나 트레이딩 피규어의 진짜 무서운 점은 이렇게 원작의 매력에 빠져서 지르는 게 아니라 이 트레이딩 피규어 자체가 수집의 목적이 될 수 있다는 점이다. 〈원피스〉뿐 아니라 〈심슨〉, 〈배트맨〉 등 다양한 원작의 제품들이 블라인드 박스 방식으로 팔리고 있으나 팬시숍에서 자주 볼 수 있는 '소니엔젤', '베어브릭'이나 '레고 미니 피규어' 같은 경우는 원작이라는 게 존재하지 않는다(물론 베어브릭은 콜라보레이션을 통해서 특정 콘텐츠의 팬을 끌어들이고 있다). 그냥 트레이딩 피규어 자체를 수집하기 위해 존재하는 것이다.

플랫폼 토이 계열의 피규어는 마치 아름다운 도화지처럼 매력적인 기본 형태를 갖추고 그 위에 변화무쌍한 껍질을 덧씌움으로써 존재가치를 갖는다. 수백 종의 '베어브

ㄴ 핑크 베어브릭 컬렉션. 베어브릭에는 이처럼 다양한 컨셉이 존재한다.

릭' 중에는 호러 영화 〈쏘우〉의 캐릭터 형태를 한 녀석이 있는가 하면, 귀여운 아기 형태를 갖춘 녀석도 존재하며, 그냥 아름다운 패턴을 입힌 것도 존재한다. 같은 껍데기에 어떤 모습을 입히느냐에 따라서 완전히 다른 느낌으로 다가오기 때문에 팬들은 이번 시리즈에서는 또 어떤 모습을 선보일까 두근두근해 하며 커뮤니티 등을 통해 화제를 이어가는 것이다.

이번 장에서는 원작의 금수저를 물고 태어난 캐릭터 트레이딩 피규어들과 더불어 완전히 자수성가한 이 플랫폼 토이 녀석들까지 묶어서 만나보도록 하자. 당신이 초보라면 가장 관심 있게 읽어야 할 장이 될 수 있다.

당해도 재밌는 트레이딩 피규어의 상술

무엇이라도 수집해본 경험이 있는 사람이라면 하필 구하기 어려운 제품을 타깃으로 삼아 애간장 태워본 적이 있을 것이다. 혹은 거꾸로 원하는 제품이 의외로 좋은 가격에 쉽게 구해져서 쾌재를 불러본 적이라든지. 이 트레이딩 피규어라는 악마들은 우리들의 은밀하고 치명적인 수집 심리를 얄밉게도 잘 파악하고 있다. 주변에는 알면서도 당하는, 아니 오히려 당하는 재미로 지갑을 여는 자들이 수두룩한 상황이니까.

자, 그럼 이제부터 과연 이 녀석들이 어떤 수법으로 우리의 지갑을 털어가는지 한번 살펴보도록 하자.

먼저 이 녀석들이 대부분 묶음으로 발매된다는 점에 주목해보자. 〈심슨〉이나 〈원피스〉 등의 박스 세트는 하나의 통일감을 주면서 '모아

ㄴ 리락쿠마 식완 컬렉션은 디테일 때문에 여성 팬들이 많다.

야 할 것 같은' 그리고 '모을 수 있을 것 같은' 느낌을 강하게 준다. 사실 이 '모을 수 있을 것 같은' 느낌이 위험한데, 내가 총 몇 개 중에 몇 개를 갖고 있는지를 명확히 알려주기 때문에 계속해서 지갑을 열 구실이 생기는 것이다. 건프라를 갓 시작한 사람이 방대한 MG(Master Grade) 등급을 다 모을 생각을 바로 하겠는가? 수집 심리라는 것은 '콤플리트' 했을 때의 만족도가 상당 부분을 차지하기 때문에 적당한 단위로 만족감을 채워주는 트레이딩 피규어의 전략은 매우 효과적이다.

두 번째로는 시리즈 전략이다. 바로 '레고 미니 피규어'와 '베어브릭'이 이 전략을 취하고 있는데, 베어브릭은 매년 6월과 12월에 새로운 시리즈를 출시하며 레고 미니 피규어는 약 3~4개월마다 새로운 시리즈

└ 레고 미니 피규어의 인기 시리즈, 알바들.

를 출시 중이다. 이 전략의 장점은 대략적인 발매 시기가 예측되기 때문에 궁금증을 극대화할 수 있다는 점이다. 베어브릭은 새로운 시리즈가 나오기 한 달 전쯤 되면 티저 광고가 뜨고 이를 기반으로 한 새 제품에 대한 추측과 함께 다양한 정보 수집이 시작된다.

컬렉터 심리를 꿰뚫고 있는 베어브릭은 아예 시리즈에 들어가는 제품을 패턴화시켜서 추측의 재미를 극대화시키고 있다. 예를 들면 매 시리즈에 베이직, 호러, SF, 애니멀 등 포함되는 테마를 미리 정해버리는 것이다. 이렇게 해놓으면 훨씬 더 좁은 폭으로 추측이 가능하고 그게 바로 기대 심리가 된다. 또 이런 방식을 취하면 유저 간의 커뮤니케이션이 더 원활해지는 효과가 있다. 즉, 그들의 용어를 만들어주는 것이다. "이번 호러는 〈그렘린〉의 기즈모네요", "25탄 애니멀 너무 예쁘게 나왔네요"처럼 말이다. 이 전략을 쓰지 않던 레고 미니 피규어도 일부 패턴화를 시작했는데, 인형탈을 쓴 캐릭터 '알바(한국 유저들이 붙인 이름)' 시리즈가 큰 인기를 얻으면서 지속적으로 유사한 제품을 패키지에 포함시키고 있다. 당연히 유저들은 놓치지 않으려고 달려들기 시작했다. 이같은 추측을 통한 바이럴 효과는 이른바 '깔맞춤' 하려는 유저들에게 특히 잘 먹히는 전략이다.

다음으로는 트레이딩 피규어의 '시크릿' 전략이다. 업체가 패키지 제품 리스트를 발표할 때도 노출하지 않는 이 시크릿 상품은 해당 시리즈에만 특정 비율로 포함된 레어템을 지칭한다. 예를 들면 베어브릭 같은 경우는 높게는 4퍼센트 대에서 적게는 0.5퍼센트가량의 비율로 특정 제품을 얻을 수 있다. 그러나 눈치 빠른 사람은 알아챘겠지만 이 비율의 극악한 점은 24개들이 박스 세트(홀박스)를 통채로 사도 시크릿이 나오지 않을 수 있다는 점이다. 베어브릭

└ Mr.골드 레고 미니 피규어. 전 세계 5,000개 한정으로 뽑으면 인증서를 보내준다.

류를 제외한 일반 미니 피규어는 최소한 이 정도로 애간장을 태우진 않는다. 조금 비싼 가격에 박스를 사면 웬만하면 다 구할 수 있는 구조가 대부분이다. 그러나 늦게 배운 도둑질이 더 무섭다고 '레고 미니 피규어'는 10번째 시리즈를 기념해서 5,000개 한정의 'Mr.골드'를 포함시키기도 했다. 이 전략의 효과는 전 세계의 컬렉터들의 지갑이 탈탈 털리는 것으로 증명되었다. 때문에 앞으로 각종 트레이딩 피규어에도 도입될 것으로 예상되니 각오를 단단히 해두는 것이 좋다.

마지막으로는 뭐니뭐니해도 최고의 심리전, '한정판' 전략이다. 귀여운 천사 아이를 소재로 한 피규어 '소니엔젤'의 경우 공식적으로 리미티드 컬러 패키지를 발매하는데, 정규로 나오는 시리즈에 특별한 색을 입힌 제품들을 말한다. 좋게 말해 한정판이지만 대부분 색으로 장난치는 것이라고 보면 된다. 오리지널의 컬러보다 유니크하고 한정 기간 판매라는 딱지가 붙어 있기 때문에 컬렉터들은 지갑을 털 수밖에 없다.

한정 기간만 판매되는 트레이딩 피규어는 한정판 프리미엄과 랜덤성 프리미엄이 더해져 상당히 값이 오르게 된다. 소니엔젤의 발렌타인 데이 버전 시크릿 제품은 중고 시장에서 무려 10만 원 가량에 거래되고 있는데(원가 약 6,000원) 수요 공급의 원칙을 적나라하게 보여주는 사례다.

콘텐츠의 힘을 빌 수 없는 베어브릭이나 소니엔젤 같은 제품들은 상당히 다양한 전략을 개발해놓았다. 피규어 자체의 매력이 상당하긴 하지만 애착도에 있어서는 콘텐츠 기반 트레이딩 피규어에 비해 부족할 수밖에 없어 모으는 자체의 재미를 최대한 추구하는 것이다. 나 역시 직접 수집해본 사람으로서 컬렉팅을 통해 수집이 완성되어가는 과정의 기쁨은 어쩔 수 없이 계속해서 지갑을 열게 만들었다. 때론 얄미운 상술로 느껴질 때가 있겠지만 그래도 여건이 된다면 일부러 좀 속아주면서 즐기는 자체도 하나의 취미 생활이 아닐까 생각해본다.

마력에 사로잡힌 자들의 이야기

이 마성의 귀여운 악마, 트레이딩 피규어는 앞서 소개한 부분 외에도 한정으로 판매되는 스페셜 에디션, 콜라보레이션 등이 워낙 많기 때문에 마음먹고 달려들면 상당한 시간과 돈이 들어간다. 그럼에도 이를 통해 컬렉터로서의 만족감을 느끼는 행복한 사람들이 적지 않다. 이들의 이야기를 한번 들어보자.

착한 마니아들의 공간, 베어브리카의 ID '검은지층' 님

먼저 '베어브릭' 관련 국내 최대 동호회 네이버 카페 '베어브리카'의 운영자 '검은지층' 님을 만나보자.

Q: 자기소개 부탁드립니다
A: 반갑습니다. 베어브릭을 주력으로 하는 아트토이 네이버 카페인 '베어브리카'에서 '검은지층'이라는 닉네임으로 활동하고 있고, 현재 총괄 스텝을 맡고 있습니다. 베어브릭을 주력으로 수집하지만 더니(Dunny)와 같은 아트토이와 레고 및 플레이모빌도 조금씩 수집하고 있습니다.

Q: 처음 베어브릭에 관심을 갖게 된 계기는 무엇인가요?
A: 대학 시절 〈에반게리온〉의 팬이었습니다. 일본을 사진 촬영 차

자주 드나들었는데, 그들의 광대한 캐릭터와 토이 문화에 자연스럽게 흥미를 느끼게 되었으며 그중 먼저 시선을 끈 것은 메디콤 토이 사에서 발매한 큐브릭의 〈에반게리온〉 시리즈였습니다. 작은 크기에 각 캐릭터의 특징을 잘 살린 멋진 토이라는 생각이 들더군요. 자연스레 같은 회사에서 발매하는 아트토이인 베어브릭도 접하게 되었고 이후에는 큐브릭보다 베어브릭에 집중하여 공부하고 수집을 하게 되었습니다.

Q: 베어브릭의 매력은 무엇일까요?
A: 베어브릭은 아트토의의 대명사라고 할 수 있지만, 그 성격에 따라 크게 세 가지의 특성이 있습니다. 먼저 플랫폼 토이의 성격입니다. 즉, 기본적인 형태가 일정하게 정해져 있고, 그 위에 유명 브랜드나 각각 다른 아티스트의 개성적인 디자인이 작품으로 입혀져 완성된 토이로서 가치를 가집니다. 즉 토이 자체가 예술가의 캔버스가 된다는 점입니다.

둘째는 랜덤 뽑기 형식의 블라인드 토이의 성격을 가집니다. 각 브랜드나 아티스트와의 콜라보레이션를 통해 만들어지는 한정판 베어브릭 외에 메디콤 토이 사에서는 정규 시리즈라는 이름으로 2001년부터 현재까지 매년 2회(6월, 12월) 새로운 베어브릭 시리즈를 발표하고 있습니다. 베이직, 젤리빈, 패턴, 플래그(특정 국가를 테마로 한다), 호러, SF, 큐트, 애니멀, 히어로, 아티스트 등의 라인업들이 2015년이 된 지금까지 꾸준하게 상자에 포장되어 공개하고 있습니다. 그러나 상자를 열고 비닐을 벗겨 실물을 확인하게 될 때까지 자신이 구입한 토이가 무엇인지 알 수 없는 랜덤 블라인드 방식의 토이입니다.

셋째는 트레이딩 피규어의 성격이 있습니다. 정규 시리즈의 박스 구성은 다음과 같습니다. 개별 랜덤 박스 24개가 하나로 포장된 큰 박스가 기본 구성입니다. 보통 수집가들은 홀박스라고 부르지만 정확하게는 '이너(Inner) 박스'가 정확한 명칭입니다. 이러한 4개의 이너 박스를 카톤(Carton)이라고 부르며 수량은 96개입니다. 이러한 카톤은 여분 베이직의 알파벳 유무에 따라 A 카톤과 B 카톤으로 나뉘는데 이 두 카톤을 합쳐 '마스터 카톤'이라고 부릅니다. 마스터 카톤의 랜덤 박스의 수량은 총 192개입니다.

문제는 이미 공개되어 있는 일반적인 베어브릭 외에 각 시리즈마다 1/24, 1/48, 1/96의 확률을 가진 극히 드물게 얻을 수 있는 시크릿 베어브릭들이 있다는 점입니다. 게다가 극강의 출현 확률을 자랑하는 1/192 확률의 슈퍼시크릿들도 적게는 2종에서 많게는 6종까지 들어있습니다. 그러니 발매된 모든 종류의 베어브릭을 모으는 것이 쉽지 않고, 거금을 들여 24개가 들어있는 이너박스를 하나 구입한다고 해도 베이직 철자 9개도 맞출 수 없습니다. 랜덤 블라인드 박스이니 당연히 중복된 브릭들도 생기겠지요. 그래서 내게 중복된 브릭을 나에게 없는 브릭과 가치를 산정해 교환을 해야만 원하는 세트를 맞출 수 있는 트레이딩 피규어의 성격도 지니고 있습니다. 즉, 아트토이로서 가지는 위상과 함께 이러한 세 가지 특징들이 베어브릭을 더욱 매력적으로 만들고 수집에 열중하게 되는 이유가 아닐까 합니다.

Q: 상세한 설명 감사합니다. 그런데 이런 랜덤성을 가진 피규어들은 말씀하신 재미가 있지만 또 약간의 스트레스도 수반할 것 같은데요. 트레이딩 피규어는 어떻게 즐기면 좋을까요?

A: 일단은 수집에 대한 명확한 주제를 선정하는 것이 중요한 것 같습니다. 토이나 피규어류를 수집하다 보면 분명히 문어발식으로 그 수집 영역이 확장됩니다. 베어브릭만 모으다가 레고도 조금, 플레이 모빌도 조금, 핫토이도 조금, 초합금도 조금… 이런 식이지요. 그러다 보면 시간과 금전적인 손해도 당연히 따라오고 전시할 공간의 부족과 수박 겉핥기식의 지식만 쌓게 되는 결과를 가져오게 됩니다. 그래서 베어브릭의 정규 시리즈만 예로 든다면, 매년 2회 발매되는 각 시리즈의 풀세트를 목표로 할 것인지, 아니면 각 시리즈의 하나의 카테고리만 수집을 할 것인지(예를 들면 각 시리즈의 플래그만 모은다든지, 히어로만 모은다든지) 등 목표를 정확하게 정하는 것이 중요합니다.

두 번째는 피규어의 교환을 통한 수집입니다. 위에 언급했듯이 수요는 있지만 1/192의 확률을 가진 슈퍼시크릿 등은 프리미엄이 붙기 마련입니다. 그래서 트레이딩 피규어를 즐기는 가장 좋은 방법은 결국 나와 같은 토이를 수집하는 사람과 교환하는 것입니다. 나에게는 중복이고, 별로 맘에 들지 않는 브릭이라도 누군가에겐 간절히 원하는 브릭일 수 있으니까요. 또 내가 너무 가지고 싶은 브릭을 누군가는 몇 개씩 중복으로 뽑아서 속상해하고 있을 수도 있으니까요.

Q: 그렇군요. 많은 한정판을 갖고 계신 것으로 알고 있는데, 그럼 베어브릭에서는 어떤 것들이 한정판이 되는 건가요?

A: 일반적으로 베어브릭에서 한정판의 개념은 매년 2회 발매되는 정규 시리즈의 반대 개념으로 인식되어 있습니다. 즉, 베어브릭 중 정규 시리즈 외의 모든 베어브릭은 한정판이 됩니다. 왜냐하면 베어브릭은 한 번 출시된 베어브릭을 인기가 있다고 해서 재생산 하지 않기 때문입니다. 한정판의 정의에 따라 달라지겠지만 먼저 돈으로 살 수 없는 배포 방식의 한정판이 있습니다. 주로 응모를 통한 추첨이라든가 일정 금액 이상 물품 구입 시 증정한다든가 하는 방식이죠. 잡지의 부록이나 각종 토이쇼 등의 행사에

ㄴ 하와이에서만 구할 수 있는 88Tees 베어브릭.

└ WCC 2001에서 처음 선보인 최초의 베어브릭.

서 입장권 대용으로 배포된 적도 있습니다.

두 번째는 수량 한정이 있습니다. 전 세계에 333개만 발매된 한정판이라던가 하는 방식입니다. 전 세계에 딱 100체만 있는 한정판 베어브릭도 많이 있습니다. 세 번째는 점포 한정이 있습니다. 베어브릭은 아트토이 특성상 많은 유명 브랜드와 콜라보레이션을 하는데, 온라인으로 구입할 수 없고, 그 판매처에 직접 가야만 구할 수 있는 베어브릭 한정판들도 많이 있습니다. 예를 들면 하와이에 있는 '88Tees' 매장에서만 판매하는 베어브릭이 있는데, 그 베어브릭은 하와이에 있는 그 매장에서만 유일하게 판매합니다. 저는 하와이에 휴가 가는 지인에게 부탁해서 구했었습니다.

Q: 혹시 갖고 계신 컬렉션 중 애착이 큰 아이템이 있다면 소개 부탁드립니다.

A: 굳이 뽑자면 아무래도 최초의 베어브릭인 제12회 WCC(월드 캐릭터 컨벤션)에서 2001년에 배포된 한정판 100퍼센트 베어브릭이 제게는 큰 의미가 있습니다. 아내가 크리스마스 선물로 구해준 찰리브라운 1,000퍼센트 브릭도 너무 사랑스럽습니다. 좋아하는 캐릭터이기도 하고요. 역시 아내에게 선물 받은 333체 한정 도쿄타워 400퍼센트 베어브릭도 무척 아끼는 수집품입니다.

Q: 베어브릭에 관심을 갖고 하나씩 모으기 시작하는 분들이 점점 늘어나고 있습니다. 수집을 하다 보면 공간 문제나 보관 방법에 대해 고민하게 되는데요. 이에 대해 좋은 방법이 있다면 알려주세요.

A: 다행히 베어브릭은 제조사인 메디콤 토이(Medicom Toy)에서 수집가들을 위한 전용 보관 케이스인 블리스터 보드를 출시합니다. 사이즈는 100퍼센트, 70퍼센트, 50퍼센트까지 다양해서 전시와 보관이 무척 용이하다는 장점이 있기 때문에 작은 사이즈의 베어브릭은 보관과 전시가 어렵지 않습니다. 그러나 제가 주력으로 수집하는 베어브릭의 사이즈는 약 27센티미터 정도 되는 400퍼센트이다 보니 보관과 전시에 무척 어려움을 겪었습니다. 여러 가지 전시 방법을 고민하던 중 홍대 부근의 '천소네'에서 자체 제작한 오동나무와 아크릴 창으로 만들어진 전시보관용 케이스를 알게 되었습니다. 서울에 갈 일이 있을 때마다 10개씩, 20개씩 차로 실어와 그곳

에 보관하고 있습니다.

Q: 마지막으로 베어브릭 등 트레이딩 피규어에 관심 있는 사람들에게 조언 부탁드립니다.

A: 근래 유명 연예인과 셀러브리티들이 수집하는 베어브릭들이 SNS나 방송에 자주 소개되면서 국내에서도 베어브릭을 포함한 아트토이가 많은 관심과 인기를 얻고 있습니다. 하지만 아쉽게도 베어브릭을 주변에 소개하면서 가장 많이 듣는 반응은 "이거 얼마?"입니다. 아트토이는 알지만 그 아트토이를 어떻게 즐겨야 하는지 알지 못하는 분들을 많이 보기도 합니다.

어떤 사람이 앤디 워홀의 작품인 〈바나나〉가 그려진 정규 시리즈의 23탄 패턴 베어브릭을 할인받아 5,000원에 구했다고 가정해봅시다. 집에 와서는 "와 싸게 샀다"라고 좋아하겠죠? 그분에게는 23탄 정규시리즈의 앤디 워홀 패턴브릭은 딱 5,000원짜리 플라스틱 장난감입니다. 앤디 워홀이라는 유명한 팝 아티스트를 알고 좋아하는 분들은 많습니다. 하지만 모든 분들이 그의 작품을 집 거실에 걸어둘 수는 없겠죠? 수십에서 수백억 원에 달하니까요. 아트토이인 베어브릭은 7센티미터라는 작은 크기에 엔디워홀의 예술적 영감이 깃든 바나나를 새겨 놓았습니다. 그 브릭의 가격이 얼마냐에 초점을 맞추는 것이 아니라 누구의 작품을 토이에 축소시켜 놓은 것인가에 가치를 부여할 때 아트토이 제대로 즐길 수 있다고 생각합니다. 더불어 그 작은 바나나 그림이 '벨벳 언더그라운드'라는 밴

드의 앨범에 사용되었고, 껍질이 까진 바나나의 속살이 하얀색이 아니라 빨간색이어서 빚어졌던 온갖 앤디 워홀을 둘러싼 비난과 해프닝들까지 알고 그 브릭을 좋아하는 것이라면 정말 아트토이 수집의 참맛을 알고 계신 것이라고 생각합니다.

힙합, 베어브릭 그리고 수집, 뮤지션 팻두

이번엔 베어브릭을 주제로 한 앨범까지 출시한 힙합 뮤지션 '팻두(Fatdoo)'를 만나보자. 아기자기한 베어브릭과 리락쿠마를 좋아하는 둥글둥글한 인상의 이 힙합 아티스트는 어쩌다 베어브릭과 사랑에 빠지게 된 걸까?

Q: 베어브릭의 어떤 매력이 앨범까지 만들게 한 건가요?
A: 우선 저는 그 아기자기한 느낌이 너무 좋았습니다. 또 각각 작가가 다르다는 게 참 매력적이었습니다. 어떻게 보면 똑같이 생긴 곰인형인데 어떤 작가의 손을 거치면 슈퍼히어로가 되고, 또 다른 작가분을 통해서는 옷 브랜드가 되는 게 너무 좋더라고요. 또 베어브릭은 재질에 대해서도 상당히 신경을 쓰기 때문에 터미네이터 같은 경우 크롬처럼 반짝이는 재질을 쓰기도 하고, 어떤 건 또 호피무늬의 느낌을 살리기도 하고요. 작은 인형 안에서 작가들이 보여주고 싶은 모든 걸 보여주는 것 같습니다.

Q: 수집하신 제품 중 특이한 것 하나만 소개해주세요.
A: 'A-nation'이라고 뮤지션 콜라보 시리즈가 있었어요. 철재 케이

스에 뮤지션이 디자인한 베어브릭이 3종 들어있는데, 그중 보아 씨가 직접 디자인한 소위 '보아브릭'이라는 게 있습니다. 이게 은근히 인기가 높아서 구하기가 힘든데요. 이 아이템이 자랑할 만한 레어템이겠네요.

Q: 트레이딩 피규어를 모으는 데 원칙이 있으신가요?
A: 제 작업 공간 중에 베어브릭을 위한 공간이 따로 있어요. 이 공간만큼만 모읍니다. 즉, 새로운 게 들어오면 갖고 있는 것 중 일부는 파는 거죠. 아마 나중에 작업실을 더 큰 곳으로 옮기면 좀 더 많이 모으게 되겠죠? 무엇이든 적절하게 내가 할 수 있는 범위에서 하는 게 즐겁게 할 수 있는 비결이라고 생각해요.

ㄴ 가수 보아가 디자인한 '보아브릭'.

ㄴ 베어브릭 외에도 다양한 피규어, 소품들이 수집되어 있다.

팻두는 베어브릭뿐 아니라 원피스 피규어, 핫토이 등의 리얼한 피규어도 모으고 있다. 그는 이러한 피규어들의 '디테일'에서 큰 매력을 느낀다고 한다. 꼭 정교한 12인치 피규어가 아니더라도 작은 피규어 안에 다양한 재질과 컬러로 수많은 느낌을 만들어낼 수 있는 것이 바로 베어브릭이 갖고 있는 '디테일'의 힘인 것 같다.

6장

질주 본능과 개조 본능의 완결판, RC

로망의 집합체, RC

"자동차는 남자의 로망이다."

많은 사람들이 하는 말이다. 참 신기한 것이 세 살 정도 되는 어린 남자아이들도 자동차를 좋아한다는 점이다. 과학적으로 여자아이들은 사람과의 관계에서 신경을 쓰고 남자아이들은 움직이는 것에 더 흥미를 보인다고 한다. 자동차가 지나가거나 비행기가 날아가면 남자아이들이 특히 두 눈을 동그랗게 뜨고 쳐다보는 것을 쉽게 볼 수 있다. 어쩌면 우리 남정네들의 DNA를 흔드는 뭔가가 자동차에 있는 것 아닐까?

　난 개인적으로 기계 덕후도 아니고 튜닝을 해본 적도 없지만 오토바이는 종종 타는 편이다. 오토바이에 올라타면 뭐라 형용할 수 없는 질주 욕망 같은 것이 샘솟을 때가 있다. 특히 레플리카 등 이른바 '엎드려

타는 놈들'을 탈 때 그 욕망은 더 커진다. 혹시 말을 타고 질주하던 조상들의 DNA가 전해져 내려온 것은 아닐까 하는 생각이 들기도 한다.

자동차나 오토바이는 그 자체로 사나이 욕망의 정수지만 이걸 또 자신만의 스타일로 만들기 위한 튜닝 역시 '차덕'이라면 한번쯤 꿈꾸는 궁극의 덕질이 아닐 수 없다. 휠을 바꾸거나, 엔진을 튠업해서 퍼포먼스를 올리거나, 외관을 드레스업하는 튜닝까지, 실로 다양한 튜닝 방법들이 존재한다. 오토바이에서도 머플러를 바꿔주거나 그립을 바꿔주는 것으로도 꽤 차이를 느낄 수 있는데, 아마 자동차는 그 이상이지 않을까 싶다.

하지만 대부분의 일이 그렇듯 실질적인 문제는 역시 '총알(돈)'과 '공간'이다. 자동차 튜닝을 한다고 엔진과 머플러 등등에 손을 대기 시작하면 그때부터는 상당한 출혈을 각오해야 한다. 물론 적당히 성능 올려

ㄴ 보기만 해도 달려 나가고 싶어지는 버기카의 자태.

놓고 끝내면 좋겠지만 세상에 적당히 한다는 게 제일 어려운 법이다.

하지만 막상 튜닝을 하더라도 우리가 사는 도심에서는 안타깝게도 그 성능을 최대로 느끼기는 쉽지 않다. 결국 맘껏 달리기 위해선 유명산 등의 비교적 뻥 뚫린 도로 또는 영암이나 태백의 레이싱 서킷을 이용해야 한다. 여기에 안전 문제까지 생각한다면 사실 생각처럼 실차 튜닝에 시간과 돈을 쏟기는 쉬운 일이 아니다.

그래서 신은 우리에게 RC(Remote Control)를 하사하셨는지 모른다. RC는 굳이 내 목숨을 걸고 달리지 않아도 질주 본능을 꽤나 만족시켜 줄 뿐 아니라 상대적으로 저렴한 가격으로 남자의 질주와 개조 욕구를 충족시켜주는 녀석이다. 아마 대부분의 사람이 평생 가도 해보기 힘들 몬스터 트럭의 개조라든지, F1 차량의 튠업 등을 그나마 현실적으로 가능케 해주는 것이 바로 이 RC다.

물론 모든 차덕이 RC에 관심 갖는 것은 아니다. 자동차를 좋아하는 이유가 꼭 개조와 질주가 아니기도 하고, 직접 운전하는 데서 오는 쾌감이 주된 즐거움이기도 할 테니 말이다. 하지만 RC는 내가 직접 훈련시킨 녀석으로 질주, 나아가 경쟁하고 싶어 하는 남자의 본능적인 욕구를 채워주는 좋은 수단임이 분명하다. 경마 같이 직접 하지 못해도 그 복잡하게 얽힌 경쟁과 질주에 얼마나 많은 남자들이 열광하며 돈을 쏟아 붓던가. 이런 복합적인 남자의 욕구가 잘 응집되어 있는 게 바로 RC다.

기본적으로 깔고 들어가야 하는 금액이 꽤 큰 종목이기도 하고, 아직은 진입 장벽이 있어 보편화됐다고 보긴 어렵다. 하지만 개인적으로 가격이 좀 낮아지고 손쉽게 배울 수 있는 채널이 열린다면 충분히 성장

가능성이 있다고 생각한다. 레고처럼 여러 가지 조합이 가능한 매력, 또 프라모델처럼 부품을 조립하며 완성해가는 재미, 여기에 직접 구동시킬 수 있다는 엄청난 장점이 있기 때문에 사람들의 이해도가 높아진다면 굉장한 폭발력을 가지게 될 것이다.

자, 그럼 이제 이 녀석을 조금 더 편하게 접하고 이해할 수 있도록 설명이 필요한데, 사실 기초지식이 없으면 잡지나 블로그를 봐도 생각보다 이해가 척척 되지 않는다. 인터넷을 찾아봐도 송신기, 서보, 변속기 등 꽤나 복잡해 보이는 용어들로 설명되어 있어 이번 장에서는 자동차라면 일자무식인 내 눈높이에 맞춰 RC에 대한 설명을 해보겠다. 같이 공부해보자.

RC카란 무엇이고, 어떻게 즐기는가

원래 카레이싱을 취미로 하다가 RC카를 시작하게 된 정용진 씨에 의하면 "RC카와 실제 차가 다를 건 하나도 없어요. 진짜 차도 뭐 외관 바꾸고 휠이나 라이트 바꾸고 다 하잖아요? RC카도 실제 차에서 할 수 있는 것은 대부분 다 할 수 있다고 보면 됩니다. RC카 좋아하는 분 중에 박스 뜯어서 그냥 굴리는 사람은 거의 없습니다. 적든 많든 다 조금씩 튜닝은 한다고 생각하면 됩니다"라고 한다.

그렇다. RC카의 재미는 앞서 말한 것처럼 '개조'와 '구동'에 있기 때문에 더 빠르고 더 멋지게 움직이기 위해 튜닝은 피할 수 없는 괴로움이자 즐거움이다. 그러나 다른 취미에 비교하면 RC카는 이 과정에서 적지 않은 비용을 투자해야 한다. 그렇기 때문에 시작하기 전에 어떤

ㄴ 이렇게 바디부터 자신이 원하는 형태로 만들어 가기도 한다.

것들이 있는지 알아보고 신중히 선택하는 것이 중요하다.

오프로드, 어려울 것 같죠?

먼저 RC카의 종류를 구분하는 축 중 하나는 온로드와 오프로드다. 온로드는 말 그대로 도로 위에서 달리는 것으로, 조금 더 평평하고 잘 포장된 도로를 달리는 것을 전제로 만들어진 것이다. 그러므로 차체가 전반적으로 낮은 편이다. 외관은 유명한 외제차, 레이싱카 레플리카를 주로 차용하기 때문에 디자인 면에서 조금 더 눈에 익은 녀석들이다.

한편 오프로드라고 하면 산을 거칠게 오르내리는 큰 바퀴를 단 육중하고 둔탁한 느낌의 지프차가 생각나서 친숙하지 않게 느껴질 것이다. 하지만 이런 지프차의 느낌보다는 '버기카'라 불리는 조금 더 날렵하고 귀여운 차가 대중적이다. 오프로드라고 해서 꼭 흙탕물 튀기며 바윗길을 질주해야 하는 것은 아니다. 포장이 안 된 공원 잔디밭이라든지 모

ㄴ 만화 〈이니셜 D〉의 두부 배달차처럼 커스텀한 작품.

래사장 같은 곳에서도 오프로드를 즐길 수 있다. 온로드가 세팅과 주행 컨트롤에 따른 미세한 차이를 즐기는 것이라면, 오프로드는 스트레스 해소에 가깝다. 거친 도로를 내달리면서 주행 자체의 즐거움을 느끼기에는 오프로드 쪽이 조금 더 쉽다고 볼 수 있다.

　RC라는 취미는 기본적으로 어느 정도 넓은 공간이 필요하다. 특히 '잘 포장된 넓은 공간'이 필요한 온로드 같은 경우에는 아무래도 제약을 받을 수밖에 없다. 널찍하게 뚫린 지하 주차장 같은 곳이 좋은데 차가 없는 넓은 주차장을 찾기가 쉽지 않고, 무엇보다 그런 곳에서 50킬로미터까지 속도가 나는 미니 자동차를 신나게 운전하다가 사고가 생기면 그야말로 과실 100퍼센트 교통사고다.

RC 마니아 정용진 씨가 갖고 있는 'XO-1'라는 차량은 최고 속도가 무려 191킬로미터(!)까지 나는 슈퍼 RC다. 이런 차의 경우는 웬만한 곳에서는 달리기도 쉽지 않다. 그는 주로 양재천이나 뚝섬, 중랑천 같은 곳에서 달리는데 그곳에서도 최고 속도로 달리기는 어렵다고 한다. 최고 속도로 달리려면 200~300미터 정도 뻥 뚫린 곳이 필요한데 그런 곳을 찾기가 어렵다고 토로한다. 그렇다. 실제 차도 191킬로미터로 달리려면 야밤의 올림픽대로나 인천공항로 같은 곳까지 가야 하는데, RC는 오죽 하랴. 꼭 이런 슈퍼 RC카가 아니더라도 일반적으로 온로드 카를 쌩쌩 달리기에는 분명 공간이라는 제약을 염두에 두어야 한다.

반면 오프로드 카는 좀 더 다양한 공간에서 굴릴 수 있는 큰 장점이 있다. 기본적으로 거친 지형에서 달릴 수 있도록 철제 기어 등을 쓰고(온로드는 플라스틱을 쓴다), 바디가 높기 때문에 장애물에 상처가 잘 나지 않는다. 또 타미야

ㄴ (위) 이렇게 거친 길을 달리는 것이 오프로드의 매력이다.
ㄴ (아래) 적절히 개조한다면 눈밭에서도 이렇게 멋지게 달릴 수 있다.

(Tamiya)나 쿄쇼(Kyosho) 회사에서 괜찮은 가격(그래도 20만 원은 넘지만)의 좋은 입문용 제품들이 나와 있어 관심이 있다면 한번 도전해볼 만하다.

전동 vs 엔진, 완성품 vs 조립품

RC의 중요한 두 번째 축은 전동과 엔진이다. 간단히 차이점을 설명하면 전동은 배터리로 가고 엔진은 연료(특수 합성된 니트로 연료)로 간다. 즉, 엔진 카는 실제 차처럼 기름을 넣어서 움직이고, 전동 카는 요즘 화제가 되고 있는 전기 자동차처럼 움직인다는 말이다. 요즘 실제 차량도 그렇듯이 전동 RC도 모터 성능의 향상으로 엔진 RC와의 속도에서 차이가 많이 줄었다. 하지만 그만큼 고성능 배터리, 방전기, 모터 등을 구비해야 한다. 즉, 괜찮은 수준의 속도를 내기 위해서는 초기 비용이 더 든다고 볼 수 있다.

그렇다고 초심자가 무턱대고 엔진 RC을 샀다가는 큰 낭패를 볼 수 있다. 엔진 카의 경우는 폭발적인 소음이 수반되기 때문에 동네에서 주행한다면 주민 신고는 각오해야 한다. 게다가 시동을 걸고 움직이는 것도 상대적으로 어려운 편이라 초보자에게는 조금 어려울 수 있다.

이와 달리 전동 카는 상대적으로 소음이 적어 장소 제약이 적은 편이다. 또한 정비 면에서도 기계적 지식이 필요한 엔진 카에 비해 전동 쪽이 좀 더 쉬운 편이다. 다만 속도나 파워에서 아직은 엔진 카보다 뒤처지기고 하고, 엔진 카만의 굉음과 연기가 뿜어내는 야성미도 없다고 덜하다고 봐야 한다.

나는 어렴풋이 어린 시절에 타미야 사의 버기카를 조립한 기억이 있

ㄴ 191킬로미터까지 속도를 내는 XO-1.

는데, 그래서 그런지 웬만한 RC카는 당연히 프라모델처럼 하나하나 조립하는 것이라고 생각했었다. 그런데 RC 마니아를 만나고 의외로 조립보다는 완성품이 주를 이룬다는 점에 조금 놀랐었다.

　RTR(Ready to Run)이라고도 하는 완성품은 일단 구매하고 바로 주행이 가능하도록 되어 있다. 이는 본체까지 포함되는 경우가 많은데 조종기는 반드시 포함되는 것은 아니다. ARR(Almost Ready to Run)이라고 하는 반조립 상태 제품도 있고, 아예 미조립 차량(BYO - Bulid Your Own)도 있지만 완성품을 사서 하나씩 개조해가는 것이 일반적이라고 한다. 그래서 예전에 내가 샀던 모델을 한번 찾아보니 그것도 완성품이었다. 아마 조립이라고 하기도 뭐한 기본적인 결합을 나름대로 멋지게 조립했었다고 아름답게 기억하고 있었나 보다.

　아마 이 책을 읽고 있는 RC 초보자 중에 "그래도 난 차도 좀 알고 이 것저것 기계도 조립해봤으니까 조립에 도전해보겠어!"라고 생각하는 분도 있을 것이다. 하지만 RC의 재미와 구조를 충분히 느끼지 못한 상태에서 무리하게 조립에 도전하는 것은 한식을 잘한다고 먹어본 적 없는 태국 음식을 요리하는 것과 같다. 우선 RC카를 달리는 즐거움과 하나하나 개조해 그 성능을 올리는 즐거움을 충분히 누려보자. 그런 뒤에 조립에 손 대도 늦지 않을 것이다.

MINI-Z(쿄쇼 사에서 발매하는 1/27 크기의 작은 RC 차량) 온로드 RC 전국 대회에서 AWD 부문 2위를 차지한 최명균 씨는 성능을 극한으로 끌어올리기 위해 RC 내부에 있는 각종 부품을 거의 싹 갈아엎는 작업을 진행했다. 이때 RC 헬기의 부품까지 이용했다고 한다. 수십 번의 시행착오 끝에 일반적으로 AM 주파수의 MINI-Z를 잡음이 적은 FM 주파수를 이용할 수 있도록 했으며 서보(조향각)는 RC 헬기의 부품을 써 성능을 크게 끌어올릴 수 있었다.

어쩌면 튜닝은 조립보다 어려울 수도 있다. 하지만 많은 RC 마니아들이 이야기하듯 튜닝은 RC의 빼놓을 수 없는 핵심적인 즐거움이다. 생각해보라. 내 열정과 시간, 그리고 돈을 들인 결과를 바로 손끝으로 느낄 수 있다면 즐거울 수밖에 없지 않은가?

전동 vs 엔진, 조립품 vs 완성품, 또 온로드 vs 오프로드에서 자신의 취향이 맞는 것을 먼저 골라보자. 그리고 점점 이 차량과 함께 자신의 실력이 발전해가는 것을 느껴보자. 그게 RC의 진짜 매력이다.

적은 돈으로도 즐길 수 있는 RC의 매력

많은 사람들이 RC는 돈이 많이 든다고 알고 있다. 진짜 그럴까? 결론부터 말하자면 다른 장난감에 비해 상대적으로 많이 드는 것이다. 장식이 아닌 실제로 굴리는 제품이다 보니 구매, 튜닝뿐 아니라 정비나 부품 마모로 인한 교체에 대한 비용이 적잖이 들 수 있다. RC 레이스에 열성적으로 참가하는 한 지인은 1년에 약 2,000만 원을 쓴 적도 있다고 한다.

하지만 알고 보면 모든 취미가 마찬가지다. 정도에 따라 들어가는 비용이 달라진다. 스노보드를 하더라도 보드 구매, 옷 구매, 시즌권 등을 고려하면 상당히 돈이 많이 들고, 기타를 배우려고 해도 적지 않은 초기 비용 또는 업그레이드 비용이 필요하다. 내 경험상 세상에서 시간

대비 가장 싸게 먹히는 취미는 월 정액제 온라인 게임인데, 이것도 빠져들기 시작하면 아이템 구매에 몇 십, 몇 백만 원을 들이는 경우가 발생한다. 건담 프라모델은 3~4만 원이지만, 도색까지 하려고 하면 도료와 각종 도구가 몇 배 이상 들게 된다. 그러므로 유독 RC가 돈이 많이 든다기보다, 자신이 즐거움을 뽑아내고 싶은 만큼 돈을 쓰게 되는 것뿐이다.

RC 마니아 최명균 씨는 이렇게 말한다. "완구로 시작하면 20만 원대에도 충분히 좋은 제품들이 있습니다. 엄청난 속도가 나진 않겠지만 기능적으로는 다 갖추어져 있어 즐기기에 충분합니다. 제가 처음 구매한 완성품은 28만 원이었습니다. 하지만 실제 차량도 그렇듯이 튜닝 등이 들어가면 끝이 없죠. 위에서 말했던 DIY MINI-Z의 경우 도합 200만 원가량 쓴 것 같습니다. 제 생각에 초기 비용으로는 중고 구매 기준 40~50만 원 정도면 충분할 것 같습니다. 그것으로 조이고 닦고 연구하면서 수개월은 충분히 만족할 수 있습니다. 감가상각 측면에서도 차체에 파손이 없다면 크게 떨어지지 않으니 안심하셔도 됩니다."

그렇다. 실차 튜닝처럼 진입 장벽이 아주 높은 것이 아니라면 결국 예산은 자신이 얼마만큼 열정이 있고 욕심이 있느냐에 따라 달라지는 법이다. 1만 원짜리 베어브릭도 욕심을 내서 수집하다 보면 몇 천만 원이 든다. 돈이 들지 않을 것 같은 길거리 농구도 농구화에 신경 쓰기 시작하면 무시하지 못할 돈이 들어간다. 지금 비싸게 느껴지는 비용도 나중에 느끼게 될 즐거움의 가치에 비하면 싸게 느껴질 수도 있으니 지레 겁먹지 마시라.

└ 멋진 개조로 다시 태어난 MINI-Z.

RC라는 것은 매우 정교한 제품이라 좋은 부품을 쓰면 그만큼 성능이 올라가기 때문에 고급 제품들에 눈길이 가는 것은 당연지사다. 그러나 RC의 매력 중 하나는 개조인데 무턱대고 좋은 차를 사버리면 이 즐거움이 사라진다.

실제 차를 사는 것이라면 아마 BMW 5 시리즈를 처음부터 사서 타고 다니는 게 좋을지 모르지만, RC는 티코를 사서 하나씩 개조해가면서 YF소나타급의 성능으로 끌어올리는 것이 묘미다. 물론 베이스가 좋지 않으면 BMW까지 갈 수 없으니 나중에는 BMW를 사서 페라리급으로 끌어올리며 재미를 느끼면 된다. 실제 차에서 느끼기 힘든 차량 튜닝의 매력을 미니어처로 즐겨보고 또 그 성능을 손끝으로 느끼는 것, 그게 바로 RC의 진정한 매력 아닐까?

RC를 즐기는 사람들은 입을 모아 말한다. 실제 차로 했다면 몇 십 배는 더 돈이 들어갈 재미를 RC에서 누린다고 말이다. 자, 그러니 여력이 된다면 이 화끈하고 멋진 취미를 즐겨보시라. 이렇게 안전하게 질주의 쾌감을 느낄 수 있는 것은 RC뿐이니까.

7장

추억에서 현재까지, 비디오 게임

내 인생을 지배했던 게임! 게임! 게임!

나는 게임 덕후다. 내 인생에 게임만큼 영향을 준 것도 없을 것이다. 난 초등학교 때 일본에서 살았다. 당시 아버지는 갑자기 일본으로 발령을 받으셨는데, 급하게 가다 보니 국제학교 입학 대기가 길어져 일본인 학교로 그냥 들어가게 되었다. 나는 전교의 유일한 외국인으로 왕따에 시달려야 했다.

만화에서만 보던 커튼말기도 당해봤으며, 나를 위해 만들어진 '마늘 냄새 나는 조센진 송'까지 당해봤다. 일본어를 못했던 나는 아주 다양한 방식으로 괴롭힘을 당했다. 그러던 와중에 이 벽을 깰 수 있던 결정적 계기를 만든 것은 다름 아닌 '게임'이었다. 당시 전국을 휩쓸던 닌텐도의 '패밀리 컴퓨터(패미콤)'를 사주신 부모님 덕분에 조금씩 친구가

└ 전 세계가 열광했던 슈퍼패미콤 게임들.

늘어났으며 그것을 다행으로 여기신 부모님 덕분에 게임팩도 덩달아 늘어났다.

    정확히는 기억나지 않지만 당시 유행하는 게임은 안 놓치고 다 샀던 지라 수십 개의 팩을 보유했던 것으로 기억한다. 팩을 처음 샀을 때 빳빳한 종이 상자를 열고 팩에 쌓인 비닐을 벗길 때의 그 두근거림이 아직도 생생하다. 먼지를 제거한답시고 카트리지를 "후후" 부는 것은 올드 게이머라면 누구나 버릇처럼 하던 일인데, 새로 산 게임은 이 과정 없이 바로 꽂을 수 있다는 점이 묘한 쾌감을 주기도 했다. 또 슈퍼패미콤부터는 단색으로 통일된 카트리지의 케이스로 출시가 되었는데, 패미콤 시절에는 마리오는 노란색, 록맨은 파란색 등 게임의 대표 색이

ㄴ 알록달록한 팩 디자인. 컬러만 봐도 게임이 생각난다.

있어 서랍을 열었을 때의 즐거움이 배가 되었다.

게임 덕후로 일본 학교에서 이름을 날리고 한국에 돌아와서도 슈퍼패미콤, PC엔진, 게임보이, 플레이스테이션 등 안 거친 게임기가 없을 정도로 비디오 게임을 즐겼다. 급기야는 대학 졸업 후 게임 회사인 넥슨에 입사까지 하게 됐다.

이만하면 내 인생의 주요 키워드 중 하나가 게임이라고 해도 과언이 아니다. 하지만 그럼에도 난 온라인 게임은 그렇게 많이 하는 편이 아니다. 물론 넥슨을 다니면서 당시에 유행했던 것들을 다 해보긴 했지만 퇴사한 후에는 스스로 찾아서 한 적은 없다. 반면 비디오 게임은 아직도 시간이 나면 밤새도록 즐기고 있다.

무슨 차이일까 생각해봤다. 아마 내가 '물리적인 게임을 구매'해서 '방에서 혼자 두근두근 플레이'를 하는 전통적인 비디오 게임의 과정을 너무 좋아했거나 익숙해졌기 때문이라고 결론을 내렸다. 지금도 디지털 다운로드보다는 국제전자센터나 테크노마트에 가서 직접 골라 사오는 게 즐겁다.

패키지를 손에 직접 쥐고 표지를 보면서 '아, 과연 어떤 스토리일까, 그래픽은 끝내주겠지, 전작의 주인공들은 나오려나' 상상하며, 돌아오는 길에 참지 못하고 설명서를 꺼내보는 내 모습을 떠올려보니 역시 비디오 게임만의 아날로그적인 매력이 나를, 그리고 비디오 게임 덕후들을 헤어나오지 못하게 하는 것 같다. 한때 게임 회사들이 중고 거래에 반대하면서 전면적으로 디지털 다운로드로의 전향을 꿈꿨던 적이 있었지만 결국 포기했다. 아마 나 같은 사람들이 아직 많기 때문이 아닐까?

이놈의 게임, 왜 이렇게 재밌는 걸까?

게임의 즐거움은 복합적이고 오묘하다. 〈매일매일 DS 두뇌 트레이닝〉이나 〈위핏(WiiFit)〉처럼 교육이나 운동을 게임화해 사람들에게 새로운 즐거움을 줄 수도 있고, 〈그랜드 세프트 오토(GTA)〉처럼 가상현실 속에서 마음껏 활개치고 다니면서 쾌감을 느낄 수도 있다. 스마트폰 게임을 그다지 좋아하진 않지만 친구들과 경쟁하게 되면 수만 원의 돈을 들여가며 열을 올리기도 한다.

그 이유는 뭘까? 나는 바로 '현실 탈출'이라고 생각한다. 〈DS 두뇌 트레이닝〉에서의 교육은 현실에서의 무겁고 딱딱한 교실이 아닌 편안한 공간에서 따뜻하고 재미있으면서 똑똑한 선생님을 눈앞에 대령해준다. 〈언차티드〉는 두렵게만 느껴지던 정글을 직접 뛰어다니고 디딤돌이 부서지는 아찔한 경험을 하게 해주며, 〈스타크래프트〉나 〈리그 오브 레전드〉는 속 시원히 치고받고 싸울 수 있는 기회를 제공해준다. 그게 바로 게임의 마력이다. 우리가 현실에서 해보고 싶었지만 못했던 것들, 꿈꿔본 것들, 너무 현실적이지만 조금은 다른 것들을 실현시켜주는 도구다.

하지만 게임의 매력은 이게 다가 아니다. 우리를 매료시키는 그 핵심은 바로 '공정함'이다. 현실을 생각해보라. 못생기고 공부 못하고 돈 없는 우리들이 잘생긴 연예인이나 재벌 2세처럼 사는 건 거의 불가능에 가깝다. 하지만 게임에선 가능하다. 게임의 룰은 항상 공정하기 때문이다. 당신도, 나도 열심히 경험치를 쌓고 노력하면 좋은 장비를 얻을 수 있고, 결국에는 최고점에 도달할 수 있다.

현실에선 운이 나빠 실패하는 경우도 분명 있다. 하지만 걱정 마시라. 게임에서 운이 작용하는 경우는 매우 드물다. 정해진 루트에 따라 최선의 방법으로 집중하면 대부분 된다. 그렇기 때문에 사람들은 더 경쟁하려고 하고 더 올라가려고 하고 더 과시하려고 하는 것이다. 이게 게임의 얄미운 점이자 또 헤어나올 수 없는 매력이다.

나에게 있어 게임 팩 또는 CD라는 것은 이렇게 새로운 세상을 경험하게 해주는 마법과도 같다. 두근거리는 마음으로 게임을 실행하면 그 안에는 우주도 있고 지하 세계도 있다. 그 안에서 내가 영웅이 되기도 하고, 가끔은 감옥에 갇히기도 한다. 내가 실물 비디오 게임을 고집하는 건 어쩌면 이런 곳에 여행을 갔다 온 증거물, 혹은 기념 티켓이 필요했기 때문일 수도 있겠다. 가끔 모아놓은 게임들을 보면 정말로 여행

ㄴ 교육에는 안 좋지만 스트레스 해소에는 최고인 〈GTA〉 시리즈.

사진을 보듯이 뿌듯하게 느껴지니 말이다.

   그런 이유로 이번 장에서는 온라인이나 모바일 게임보다는 비디오 게임 또는 고전 PC 게임을 중심으로 다루려고 한다.

게임 수집, 이래서 재밌다

 앞서 얘기한 것처럼 게임을 수집한다는 것은 다운로드를 수십 개 해놓는다는 것이 아니다. 물리적 게임을 소유하는 것이다. 게임 마니아라 더 그런지 모르겠지만, 게임 수집은 다른 수집 취미에 비해 절대적인 고유의 재미가 있다. 그 이유는 다음과 같다.
 우선, 게임은 어느 매체보다 시간이 많이 소요되기 때문에 애착이 높다. 영화는 길어야 3시간을 투자하는 매체인데 반해 게임은 최소한 10시간 정도가 필요하다. RPG 게임 같은 경우는 최장 50시간까지도 투자해야 한다. 이는 같은 상품을 수십 번은 만져봤다는 얘기다. 나 같은 경우, 가슴 뛰게 사랑했던 〈파이널 판타지 7〉이나 〈메탈 기어 솔리드〉는 정말 CD가 닳도록 기기에 올려봤다. 〈디아블로 2〉 패키지만 봐도

└ 많은 사람들의 시간을 쏟아붓게 만든 CD 게임들.

본인이 쏟아 부었던 수십 수백 시간이 생각나는 사람들이 많을 것이다. 그렇게 시간을 들인 이상 그 상품에 대한 애착이 높을 수밖에 없다. 결국 수집은 추억을 모으는 것이기 때문에 많은 시간을 쓴 만큼 수집의 만족도가 높을 것이다.

둘째, 게임 패키지는 '독점성'이 있다. 영화랑 비교하자면, 영화는 상당한 리바이벌이 이루어지는 분야다. 고전 명작이라면 반드시 공중파와 케이블에서 주기적으로 틀어줄 것이며 여기저기에서 DVD를 싸게 파는 것도 종종 목격할 수 있다. 하지만 게임은 그 기계, 그 CD를 거치지 않으면 플레이가 불가능하다. 물론 요새는 버츄얼 콘솔이라고 해서 다운로드 형태로 고전 게임을 즐길 수 있기도 하고 모바일 등으로 이식

ㄴ 고전 게임기를 보면 당시의 두근거렸던 느낌이 살아난다.

되는 사례도 적지 않지만 이렇게 재판매되는 게임은 일부일 뿐이다. 나머지 게임은 여전히 어떤 루트로든 패키지를 구해서 해야 한다. 그래서 그런지 유치하게도 이런 게임을 구하게 되면 비밀이 가득한 마법의 책을 구한 것처럼 기쁘다. 낡은 게임기의 전원을 켜고 오랜만에 카트리지를 딸깍 넣을 때의 오묘한 기분은 정말 살 떨리게 매력적이다.

세 번째로 매체가 다양하다는 점이다. 게임은 어느 분야보다 저장 매체가 많이 바뀌어 왔다. 최초의 플로피디스크부터 플라스틱 카트리지, CD, DVD, 현재의 블루레이까지. 이뿐 아니라 휴대용 기기로 넘어가면 UMD와 카드형 카트리지까지 아주 다양한 형태의 저장매체를 이용해왔다.

제주도에 있는 넥슨 컴퓨터 박물관에 가보면 이 변천사를 한눈에 볼 수 있는 공간이 있는데, 개인적으로 여기서 패미콤의 추가 시스템이었던 '패밀리 디스크'의 플로피 디스크를 오랜만에 보고 무척 반가웠던 기억이 있다. 그 아담하면서도 똑 부러지게 생긴 노란색 디스크만 봐도

ㄴ 넥슨 컴퓨터 박물관에서는 전시된 모든 게임기를 직접 해볼 수 있다.

그 게임기를 구동하던 기억, 게임하던 기억 등이 고스란히 되살아난다. 그건 아마 이 매체가 그 게임기 자체에 종속되어 있기 때문일 것이다.

아마 VHS 테이프 자체만 보고 깊은 추억에 잠기기는 쉽지 않을 것이다. 왜냐하면 그 녀석은 우리에게 〈젖소부인 바람났네〉부터 〈EBS 영어 강좌〉까지 다양한 콘텐츠를, 다양한 기기에서 재생해줬기 때문이다. 하지만 MD를 보면 조금 느낌이 다르다. MD는 소니에서 제공한 전용 플레이어에서 밖에 돌릴 수 없고, 담기는 내용이 대부분 음악이었다. 그렇기 때문에 우리는 MD라는 매체를 보면서 당시 느꼈던 약간의 우월감, MD 플레이어를 켤 때의 두근거림, 또 거기에서 흘러나오던 음악들의 추억을 오롯이 재생시킬 수 있다.

난 게임의 다양한 매체들이 그런 역할을 해준다고 생각한다. 회색 슈퍼패미콤 카트리지, 거기에 대항했던 검정색 메가드라이브(슈퍼알라딘 보이) 카트리지, 뒷판이 검었던 플레이스테이션의 CD, 또 엑스박스의 초록색 CD 케이스까지. 시대와 주관 업체의 고집이 담긴 그 형태만 봐도 관련된 많은 추억들을 느낄 수 있다. 개인적으로 게임을 수집하면서 이 점이 가장 즐거웠다. 만약 전부 똑같이 생긴 CD나 카세트 테이프였다면 아무래도 감흥은 조금 떨어지지 않았을까?

게임, 다 깨더라도 갖다 팔지 마세요

이처럼 다양한 이유로 게임 수집은 꽤 재밌는 취미다. 다만 한국에서는 이들을 구하기 어렵다는 것이 단점이다. '게임돌' 등의 고전 게임팩 판매 사이트도 있긴 하나 사실 제일 속 편한 건 일본에 직접 가는 것이다. 아마 게임을 좋아하는 사람들이라면 도쿄의 아키하바라나 오사카의 덴덴타운을 걸어가다 보면 어느새 자신의 양손이 쇼핑백으로 가득한 기적과도 같은 경험을 하게 될 것이다.

아카히바라와 덴덴타운 등에는 패미콤부터 최신 게임기까지 수많은 게임기와 관련 소프트웨어를 정말 손쉽게 구할 수 있는 매장들이 많다. 가격대도 그렇게 높지 않다. 혹시 옛날 게임이라고 프리미엄 붙여서 팔진 않을까 했지만, 웬만하면 2,000엔 이하로 구할 수 있다. 상태가 약간 좋지 않은 경우는 100~200엔에도 구할 수 있는 팩들이 아주 다양하게 준비되어 있다. 만약 게임을 직접 하는 것보다 정품 소장에만 의의를 두는 사람이라면 이렇게 대량으로 사는 것도 하나의 방법일 것이다.

ㄴ 오사카 덴덴타운의 레트로 게임숍. 게임 덕후가 보면 까무러칠 만큼 엄청난 보물 창고다.

게임기 역시 의외로 저렴한 5,000~7,000엔 선에서 구입이 가능하다.

사실 난 게임 컬렉팅 쪽으로는 한이 많은 사람이다. 부모님께서 뭔가를 쌓아놓고 수집하는 스타일이 아니다 보니 이사를 갈 때마다 게임과 관련 잡지들(일본 잡지가 100권 이상 있었다)이 뭉텅이로 사라졌고 결과적으로 군대와 해외 생활까지 거치면서 내 손에 남은 건 거의 없다. 컬렉팅에 대한 장기적 안목이 없었던 나는 그 당시에는 '다 깬 게임들이니 할 수 없지. 그래도 혹시 팔았으면 돈이 됐을 텐데 아깝다' 정도로만 생각한 채 소중한 추억들을 흘려보냈다. 지금 생각하면 땅을 치고 벽을 칠 일이다. 여담이지만 사업을 하며 개인 컬렉션의 온라인 전시 서비스를 기획했던 이유도 소중한 컬렉션을 이렇게 어영부영 날려 보내지 말고 최소한 가상의 저장소에라도 보관해보자는 생각 때문이었다. 살다 보면 부모님이 버리기도 하고 자식이 장난치다 깨기도 하고 별의별 일이 있기 마련이니까.

난 나중에 창고를 임대해서라도 내 자식이 갖고 놀던 건 다 모아 놓을 것이다. 스토리나 사진으로 설명할 수 없는, 그 느낌을 고스란히 담을 수 있는 건 바로 그 '물건' 밖에 없다고 생각한다. 내가 정리정돈 논리에 못 이겨 놓쳐버린 수많은 추억의 조각들을 언젠가 돈을 벌면 하나 둘 찾아오고 싶다. 특히 내가 인생의 많은 시간을 들였던 '게임'은 다시 꼭 수집하고 싶은 항목이다. 굳이 다시 플레이하진 않더라도 집에 돌아와 벽에 멋지게 장식된 게임기와 카트리지들을 보면 정말 흐뭇할 것 같다. 나중에 은퇴하고 나면 할 시간이 좀 생기지 않을까?

추억의 게임을 플레이하는 게 맞을까?

내가 진짜 재미있게 했던 게임 중에 〈천외마경 2〉라는 게임이 있다. 중학교 2~3학년 정도로 기억하는데, 당시에 부모님께 굽신굽신해서 산 PC엔진 듀오로 출시된 동양풍 RPG(역할 수행 게임)로 잡지에서 한눈에 보고 반해버렸다. 천편일률적인 서양 중세 판타지 RPG에 염증이 났을 때인지라 어떻게든 구하려고 용산에 수시로 들락날락거렸지만, PC엔진 듀오 자체가 한국에 정식 발매가 안 된지라 해당 기종의 게임을 구하는 것은 쉽지 않은 상황이었다. 게다가 당시 〈천외마경 2〉는 일본에서 폭발적인 인기를 누리고 있어서 더더욱 수입이 어려웠던 걸로 기억한다.

천신만고 끝에 구한 〈천외마경 2〉는 나에게 게임의 신세계를 보여주

ㄴ 〈천외마경 2〉의 PSP 버전이다.

었다. 애니메이션으로 나와도 손색이 없을 것처럼 세련된 캐릭터들, 화려하고 아름다운 색감과 동서양의 매력이 적절히 조화된 세계관이 우선 나의 몰입도를 극한으로 올려주었고 당시 최첨단 기술인 애니메이션 컷과 성우 음성 삽입은 "아 이것이 진정한 게임의 미래로구나"라는 감탄이 절로 나오게 만들었다.

나는 학업에 지장을 받을 정도로 게임에 점점 깊게 빠져 들었고 매일 그 환상적인 공간을 여행 다녔다. 간단히 추억을 되살릴 겸 게임에 대해 설명하자면, 기본적으로는 권선징악의 스토리를 따르는 게임이며, '지팡구'라는 일본의 옛 모습을 간직한 곳에 핀 암흑란이라는 꽃을 조종해 세상을 정복하려는 신 '요미'와 그에 맞서는 불의 일족 이야기다.

에도 시대 일본을 배경으로 하지만 엘리베이터라든지 워프 장치 등을 쓸 수 있는 점이 동양풍 판타지 게임으로서의 독특한 매력을 갖게 만들었다. 일본의 국민 게임 〈드래곤 퀘스트〉급을 기대한 야심찬 기획이어서 300명의 스태프가 동원되었고 지브리 음악으로 유명한 히사이시 조가 음악을 맡았다.

아무튼 누가 물어봐도 최고의 게임으로 꼽던 이 〈천외마경 2〉, 오리지널 출시 후 약 15년이 지나 소니의 휴대용 게임기인 PSP로의 재발매 소식을 듣게 되었다. 곧바로 구매해 두근거리는 마음으로 켰는데, 이건 내가 기억하던 그 게임과 달라도 너무 달랐다.

컷 씬은 마치 종이 인형극처럼 어색했고, 캐릭터는 어쩜 이렇게 조악한 픽셀로 구성해놨는지, 또 지금 기준에 맞지 않는 느릿느릿한 대사와 노가다를 수반한 촌스러운 게임 진행은 마치 긴 머리 휘날리던 첫사랑을 다시 만났더니 아줌마가 되었다는 슬픈 일화를 연상케 했다.

이렇게 아름답게 기억되던 게임에 대한 환상이 와르르 깨지고 난 뒤에 나는 애착을 가진 고전 게임은 웬만하면 손을 대지 않게 되었다.

게임 업계에 있어서 더 그런지 모르지만 지금 기준으로 보면 너무나도 불편하고 촌스러운 게임 설계가 유독 눈에 많이 들어

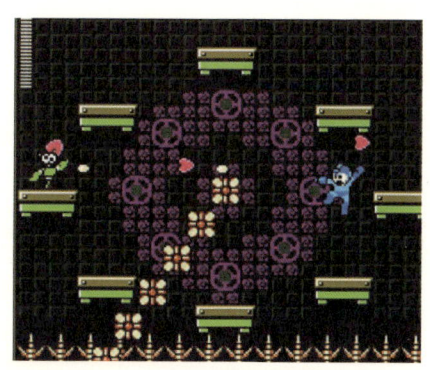
ㄴ 2008년 작이라고 믿기지 않는 캡콤의 〈록맨 9〉.

왔다. 결국 그런 것에 신경 쓰다 보니 게임을 온전히 즐기기 어려웠다. 게임 자체가 별로라는 얘기는 절대 아니니 오해하지 마시길. 다만 게임 플레이 외적인 요소들이 현시대 게임과 비교하면 덜 다듬어져 있기 때문에 쓸데없는 데에 정신이 팔려 막상 게임에 집중을 못한다는 얘기다.

유명한 액션 게임인 〈록맨〉은 화려한 3D 그래픽으로 무장했다가 2008년 출시한 9탄에서 갑자기 80년대 그래픽으로 회귀해서 충격과 공포를 선사했다. 게임 자체는 상당히 잘 만들었지만 개인적으로는 그렇게 마음껏 즐기지는 못했다. 역시 '아, 이건 왜 자동으로 저장이 안 되는 거야. 아, 도대체 왜 에너지는 이거 밖에 안 주는 거야!' 같은 생각이 자꾸 방해했기 때문이다.

한정판은 무엇으로 이루어져 있는가

덕후들의 심박수를 높이고 싶을 때 쓰는 마법의 주문 '한.정.판'. 게임도 예외는 아니다. 아니 어쩌면 게임 쪽이 가장 심할 수도 있겠다. 비디오 게임의 경우, 초반 2주의 판매량이 전체 흥행을 좌우하기 때문에 선주문(pre-order)을 많이 유도해야 하고 이때 많이 쓰는 방식이 '예약 특전'이다. 즉, 예약을 하면 특정한 상품을 껴주는 것인데 예를 들면 가이드북이나 문구류, 또는 특별히 디자인된 게임 내 아이템을 받을 수 있는 코드 등이 주를 이룬다.

여기에 한 발 더 나아가 입소문을 끌어올리는 방법으로 바로 이 한정판이 쓰인다. 신발 등의 한정판이 가격보다는 수량의 한정으로 가치를 높이는 것과 다르게 게임 쪽은 꽤 비싸게 받는 편이다. 물론 이는 일반

ㄴ 〈그랜드 세프트 오토 5〉 발매 시 판매했던 한정판 구성품.

적으로 구할 수 없는 관련 상품들이 포함되어 있기 때문인데 〈그랜드 세프트 오토 5〉의 경우 게임 자체는 60달러 정도였음에도 불구하고 한정판은 모자, 케이스, 아이템 등을 포함해 150달러에 판매했다. 또 유명한 FPS 게임인 〈콜 오브 듀티: 모던 워페어 2〉는 무려 야간 투시경을 한정판에 포함시켜 약 22만 원에 판매하기도 했다.

왕십리에서 진행했던 발매 행사에 엄청난 인파가 몰린 탓에 '헬십리'라는 용어가 만들어졌던 〈디아블로 3〉의 한정판은 사회적으로도 상당한 주목을 받았다. 여기에는 게임과 개발 관련 블루레이 DVD, 사운드트랙, 미술 원화집, 〈디아블로 2〉가 담겨 있는 해골 USB, 디아블로 해골과 함께 〈스타크래프트 2〉, 〈월드 오브 워크래프트〉에 쓸 수 있는 아이템 등 팬심을 자극하는 다양한 관련 상품이 포함되어 있다. 이 제품

ㄴ 왕십리를 불태웠던 〈디아블로 3〉 한정판.

은 9만 9,000원으로 판매됐으나 순식간에 동이 났고 한때 40~50만 원에 거래되기도 했다. 어쩌면 게임 한정판의 마력이 한국에서 처음으로 대중적으로 알려진 사례가 아닐까 싶다.

여담으로 역대 가장 황당했던 한정판을 꼽자면 GTA의 코믹 버전이라고 볼 수 있는 〈세인츠로우 4〉의 한정판이다. 놀라지 마시라. 단 한 명에게만 판매하는 이 한정판, 가격이 무려 10억 원이다! 대체 뭐가 들어 있어서 이렇게 비싸냐고? 구성도 상식 밖이다. 게임에 등장한 총기의 레플리카를 제외하고는 우주여행 티켓, 람보르기니 갈라도(진짜 차), 두바이 최급 호텔 7박 투숙권, 스파이 트레이닝, 성형 수술 등 안드로메다급 콘텐츠를 자랑한다. 미국의 한 매체에서 이 상품의 총액을 계산해보니 약 7억 원이라고 한다. 즉, 할인으로서의 가치도 전혀 없는 셈이

ㄴ 〈세인츠로우 4〉의 무려 10억 원짜리 한정판.

다. 물론 아무도 사지 않았고 아마 제조사도 팔 생각이 전혀 없었던 홍보성 상품이었다.

짧은 시간 안에 판매량을 끌어올려야 되는 비디오 게임 쪽에서는 이처럼 한정판, 스페셜 에디션 전략이 빈번하게 쓰이고 있다. 돈을 아끼지 않는 팬들에게는 더할 나위 없이 좋은 선물이 되고, 개발사는 경제적 이득보다는 홍보 효과를 톡톡히 누릴 수 있다.

개인적으로 〈메탈 기어 솔리드〉라는 잠입형 액션 게임을 매우 좋아해서 네 번째 버전이 플레이스테이션 3으로 나올 때 한정 패키지를 구매했다. 콘솔 게임에서는 '게임 + 관련 상품' 전략 외에도 콘솔 기기를 아예 스페셜 에디션으로 만드는 전략도 많이 구가하는데, 〈메탈 기어 솔리드 4〉도 플레이스테이션 3 본체를 카키색으로 입힌 스페셜 에디션

ㄴ 〈메탈 기어 솔리드 3〉 한정판 플레이스테이션 3.

과 일부 특전을 포함시킨 스페셜 패키지를 출시와 함께 내놓았다. 정확히 기억나진 않지만 가격은 그냥 사는 것보다 조금 비쌌던 것 같다. 번들이라서 쌀 것이라고 생각하는 분들도 계신데, 한정판은 할인하려고 내놓는 것이 아니기 때문에 보통 제값을 다 받는다.

한정판을 사본 소감을 말하자면 만족도가 상당히 높다. 새로 나온 게임, 특히 유명 시리즈 게임을 살 때의 기대감이라는 건 하늘을 찌를 듯이 높기 마련인데 개발사는 이런 두근거림에 불을 지펴줄 만한 특별한 아이템을 어떻게 귀신같이 알고 딱 준비해놓는다.

〈디아블로 3〉을 12년 동안 기다린 사람들에게 10만 원이라는 돈은 상대적으로 큰돈이 아니고, 여기에 다른 곳에는 없는 특별한 USB에 옛날 〈디아블로 2〉까지 담아주겠다고 하니 이 얼마나 덕심을 후벼파는 전략인가. 게임과 함께 이런 상품들을 받았을 때의 기쁨은 말로 표현할 수 없다.

예전에 〈그랜드 세프트 오토 4〉의 한정판을 구매한 적이 있는데, 개발사인 락스타의 로고가 새겨진 가방과 OST, 아트북, 철제 케이스 등을 받아봤을 때의 그 감동! '어디서도 살 수 없는' 특별한 상품들과 따끈따끈하게 출시된 새로운 게임이 함께 내 품으로 들어오는 건 생각만 해

ㄴ 팬층이 두터운 〈길드 워 2〉 역시 16만 원 상당의 한정판을 낸 적이 있다.

도 매력적이지 않은가? 여기에 10만 원을 투척하는 것은 덕심 가득한 자들에겐 절대 비싼 것이 아니다.

   게임사들은 E3 등의 게임쇼를 통해 게임을 발표한 뒤 머지않아 한정판을 미리 공개해 화제를 지속시키기도 하고 발매 한두 달 전에 미디어 노출을 높이는 용도를 쓰기도 하는데, 그만큼 비디오 게이머들 사이에서 한정판은 언제나 관심의 대상이라 볼 수 있다.

   알맹이는 같다고 하더라도 그것을 포장한 케이스나 구성품도 하나의 상품으로 보는 것이다. 우리가 서비스재를 구입할 때 가용비뿐만 아니라 분위기나 환경에 대해서도 금액을 지불하듯이 한정판은 상품을 둘러싼 분위기와 희소성을 포괄적으로 보고 가치를 매기게 되는 것이라 볼 수 있다.

요새는 벨브 사의 스팀(STEAM)이라든지 EA의 오리진(둘 다 PC 기반이다)이 점차 커지고 또 플레이스테이션이나 엑스박스조차 디지털 다운로드를 권장하면서 무형의 디지털 게임이 대세가 되고 있다. 물론 이들 디지털 게임은 보관 문제도 없고 유통 구조가 단순해져 가격이 내려가는 장점이 있지만 반면 물리적으로 손에 쥘 수 없게 되면서 아쉬움이 생기는 건 어쩔 수 없다. 아마 그래서 우리는 고전 게임을 조금 더 모으려고 하고, 한정판을 갖고자 하는 것은 아닐까 싶다.

게임은 어떤 것보다 많은 시간을 들여야만 하는 매체다. 그렇기 때문에 추억도 많고 애착도 많다. 개인적으로 제주도의 '넥슨 컴퓨터 박물관'을 방문하고 나서 그동안 내가 즐겨왔던 많은 게임들을 제대로 수집해놓지 못한 것에 아쉬움을 느꼈다. 박물관에 연대기 별로 정리된 게임 패키지를 보며 추억이 새록새록 떠올랐고, 이렇게 기억 속으로만 간직하는 것이 아닌 실제로 소장한다는 것의 가치를 한 번 더 생각해볼 수 있었다.

지금부터라도 구입하는 게임들은 잘 정리해놓고 경제적 여유가 되면 옛날 게임들도 조금씩 사볼 생각이다. 아마 한 10년 뒤에는 게임을 DVD나 블루레이에 담아서 팔았다는 것 자체가 희귀하게 느껴지지 않을까? 마치 디스크나 카트리지에 8메가바이트 게임을 담아서 플레이했다는 게 벌써 선사 시대 이야기처럼 느껴지는 걸 생각해보면 말이다.

8장

덕질의 원조, 만화

만화 산업, 어떻게 진화했는가

자, 지금까지 수집의 관점에서 다양한 취미 생활을 살펴봤다. 이제 '콘텐츠'에 관해서 이야기해보려고 한다. 초반에 간단히 설명했던 대로 우리가 좋아하는 이런 취미 제품들은 서브컬처에 근간을 둔 경우가 많다. 이 서브컬처의 원류를 따라가 보면 '만화'라는 매체를 만나게 된다. OSMU(One Source Multi-Use)라는 말로 표현되는 특정 콘텐츠의 다양한 재생산은 관련 산업의 팽창을 가져오는데, 《드래곤볼》 관련 유명 블로거인 테일러 님의 분석에 의하면 《드래곤볼》 만화 매출에 비해 관련 산업은 12배 더 많은 매출을 발생시켰다고 한다. 영화계에서도 〈스타워즈〉가 영화 자체로 번 돈보다 라이선스 장난감으로 번 돈이 3배 정도 더 많다. 이렇듯 잘 만든 콘텐츠는 여러 산업에 연쇄적인 이득을 가져

ㄴ 연재 20년이 다된 지금도 관련 산업 연매출이 2,000억 원에 달하는 《드래곤볼》.

오며 원작의 인기를 지속시키는 효과까지 있다.

하지만 현재 우리나라의 콘텐츠 지속성에 대해서는 아쉬운 마음이 크다. 《열혈강호》, 《짱》 등 몇몇 만화를 제외하고는 세대를 넘어가는 만화가 거의 없으며 이마저도 OSMU 방식으로 재생산된 사례는 많지 않다. 20년 가까이 연재가 되고, 온라인 게임이 2탄까지 나온 《열혈강호》가 제대로 된 피규어 하나 없다는 것은 그만큼 부가 사업 기반이 약하기 때문일 것이다. 부가 사업 기반이 약하면 작가들도 인세에만 수입을 의존하게 된다. 그럼 이 인세가 괜찮은가 하면 또 그렇지도 않다. 허영만 화백은 〈한겨레〉와의 인터뷰에서 제값을 못 받는 만화에 대해 안타까움을 토로한 바 있는데, 주간 연재를 하면서 문하생을 두는 경우는 적자나 면하면 다행이라고 한다.

그런데 의외인 것은 전 국민이 만화 덕후일 것 같은 일본도 작가가 원고료로 먹고사는 것은 거의 불가능하다는 것이다. 《헬로우! 블랙잭》과 《바다원숭이》라는, 드라마와 영화로까지 만들어진 대히트작을 배출한 사토 슈호 작가의 블로그를 보면 연재 원고료로 연간 약 1,600만 엔(약 1억 8,000만 원)의 수입을 올리는데 어시스턴트 월급 등 각종 운영비를 제하면 200만 엔 적자가 난다고 한다.

결국 정도의 차이는 있겠지만 연재를 통한 1차 시장으로 먹고사는 건 이래저래 쉽지 않다는 것이다. 하지만 일본과 한국의 결정적인 차이는 단행본 판매량과 2차 산업의 유무다. 한번 뜨면 몇 백만 권이 팔리는 일본과 한국의 사정은 현격하게 다르다. 일본 작가들은 연재로 생기는 적자는 단행본으로 메우고 여기에 피규어라든지 게임 등의 추가적인 콘텐츠 수입으로 큰돈을 번다고 한다. 단순히 연재 수입에 의존해야 하는 국내 상황의 열악함과는 분명 큰 차이가 있다.

만화계를 환히 비추는 웹툰의 등장

그런데 국내에 '웹툰'이라는 다크호스가 번쩍하고 등장하기 시작한다. 이 웹툰은 좌우보다 상하 스크롤에 최적화되어 있어 웹과 모바일에 딱 맞는 콘텐츠 소비 방식을 제공한다. 당연히 젊은 층을 중심으로 폭발적으로 성장했다. 피땀 흘려 만든 콘텐츠를 무료로 제공한다는 비판과 만화라는 즐거운 콘텐츠를 이제야 메인 스트림으로 올려놨다는 긍정적 시각이 교차하는데 나는 후자에 한 표를 던지고 싶다.

게임이든, 만화든, 음악이든 대중 예술이라는 이름하에 생산되는 제품은 대중에게 다가가지 못하면 의미가 없다. 시대가 바뀐다는 것은 그 매체가 바뀐다는 것인데 음악이 테이프에서 CD로, MP3에서 스트리밍으로 바뀌어가듯 만화를 담는 그릇도 점차 바뀌기 마련이다. 야속할 때도 있겠지만 사람들의 바뀌는 입맛을 탓하고만 있으면 결과적으로 아무 도움이 되지 않는다. 애플이 아이튠즈를 통해 보여줬듯이 그 선봉에 서서 그 변화의 시기(음악으로 말하면 불법 다운로드의 난립)를 '돈 벌 수 있는 산업'으로 만들어내는 작업에 동참하는 것이 더 유익하지 않을까?

웹툰의 경우 초반에 포털의 배만 불려준다는 비판이 있었으나 수익화 논의를 통해 원고료 지급 외에 만화 내에 광고를 삽입한다든지, 2차 저작물(단행본, 메신저 스티커) 등의 제작을 지원한다든지 하는 과정을 거쳐 꽤 괜찮은 수익을 올리는 작가들이 등장하기 시작했다.

웹툰을 드라마로 만든 〈미생〉의 열풍은 말할 것도 없고 〈갓 오브 하이스쿨〉은 모바일 게임으로 만들어져 월간 약 30억 원의 매출을 올리기도 했다. 웹툰의 전설〈마음의 소리〉역시 시트콤과 애니메이션으로 제작되어 방송될 예정이다.

꿈과 열정도 중요하지만 일단 밥값이 나오지

ㄴ 키덜트 페어 한 공간을 당당히 차지한 웹툰 관련 상품들.

않으면 산업은 성장하기 힘들다. 게임 업계가 이렇게 까지 성장한 것 역시 '자금'이 있었기 때문이다. 돈이 있으니 좋은 인재를 만화 세계로 끌어들일 수 있고, 그러다 보니 좋은 작품들이 나올 수 있는 것이다. 그런데 한국 만화 시장은 여전히 열악한 환경에 머물러 있으니, 어느 인재가 그 세계로 들어가려 하겠는가. 요새 만화가를 지망하는 젊은 친구들이 점점 줄고 있다고 한다. 이럴 때 웹툰을 통해 먹고살 길이 생기면 재능 있는 작가가 만들어내는 좋은 작품을 많이 보게 될 수 있을 것이다.

최근에는 '네이버 웹툰(해외에서는 'LINE Webtoon'으로 불린다)', '레진코믹스', '타파스틱', '스팟툰' 등 국내 웹툰 업체가 해외 진출을 시작하면서 작가들에게 새로운 활로가 열릴 가능성이 높아졌다. 아직은 초기 단계라 볼 수 있으나 〈노블레스〉, 〈봉천동 귀신〉 등의 웹툰이 해외에서 크게 화제가 되었기 때문에 점차 웹툰을 즐기는 인구가 늘 것이라고 확신한다.

그래도 아저씨는 종이 만화책

마치 "웹툰이 미래다"처럼 이야기를 풀긴 했으나 사실 개인적인 취향을 말하자면, 이미 30대 중반의 아저씨로서 사실 종이 만화책이 훨씬 좋다. 단행본 만화책 특유의 그 촉감과 색감에 너무 오래 길들여져서 그런가 보다. 컬러풀한 표지와 종이를 한 장 한 장을 넘기면서 스토리를 채워가는 그 느낌이 곧 만화라고 생각해서인지 지금도 좋아하는 만화는 꼭 단행본으로 산다.

내가 정말 좋아하는 만화는 《근육맨》이라는 레슬링 만화다. 모르는 분들을 위해 간단히 설명하면, 근육별의 왕자인 근육맨이 지구에 내려와서 바보짓만 하다가 정의와 우정에 눈을 뜨면서 동료와 함께 악마 초인들과 싸워나가는 스토리다. 굉장히 단순한 구조를 갖고 있음에도 우리가 WWF(현재 WWE)에 열광했던 것처럼 어릴 때는 그렇게 멋있고 감동적일 수가 없었다. 만화 자체는 오래 전에 36권으로 완결되었고 간간히 재발매되는 피규어로 만나볼 수 있었던 전설의 작품이다.

그런데 몇 년 전 이 작품이 무려 24년 만에 연재가 재개된다는 놀라운 소식을 들었다. 물론 중간에 《근육맨 2세》라는 장편이 하나 있긴 했지만 솔직히 추억 팔이용 스토리에 실망했던 작품이다. 작가조차 이 《근육맨 2세》는 원작을 넘을 수 없다고 판단해 중단했다고 할 정도였다.

《근육맨》의 새로운 연재는 오프라인 주간지가 아닌 '플레이보이(미국의 성인 잡지가 아니다!)' 웹사이트에서 무료로 공개했다. '아니! 무료라니!' 하며 흥분해서 단숨에 읽었으나 뭔가 아쉬움이 진하게 남았다. 내용의 문제는 아니었다. 모니터로 만화를 읽으니 그 다이나믹함이 감소되는 것이 바로 그 이유였다. 뭐랄까, 만화책에 고개를 박고 두근거리면서 다음 장을 넘기는 그 느낌 없이 마우스를 클릭하며 다음 장을 넘기는 것이 나로서는 여간 재미가 없었다.

굳이 비교하자면 조이패드를 잡고 하던 비디오 게임을 모바일 터치 화면으로 할 때의 그 이질감이라고나 할까? 같은 것이지만 왠지 달랐고, 그 이질감은 작품의 재미도 반감시킬 정도였다.

안 되겠다 싶어 결국 일본 가는 친구에게 부탁해서 그동안 나온 회까지 단행본으로 모두 구해왔고 그제야 '아, 역시 만화책은 단행본이지!' 하는 이상한 안도감과 함께 본연의 즐거움을 듬뿍 느낄 수 있었다.

ㄴ 일본에서 직접 사온 《新 근육맨 2세》 단행본! 구매 대행 등의 방법으로도 쉽게 구할 수 있다.

단행본 만화가 더 좋은 이유

그렇다면 단행본 만화는 대체 뭐가 다른 걸까? 서브컬처 관련 책을 출판하기도 했던 만화책 컬렉터 박규상 교수는 단행본의 매력에 대해 이렇게 이야기한다.

"웹툰은 가상공간인 모바일이나 웹페이지에 적합하게 만들어진 매체이다 보니 단행본에서도 한 페이지에 두세 쪽 이상은 들어가지 않아요. 사실 공간 낭비가 좀 있죠. 반면 만화 단행본은 한 쪽에 컷이 꽉 차 있습니다. 공간 제약이 있기 때문에 만화가들이 한 쪽에 어떤 형식으로 채워 넣을 것인가를 고민할 수밖에 없게 됩니다. 컷을 작게 크게, 옆으로 또는 위아래로 길게, 또는 틀을 넣기도 하고 없애기도 하면서 다양한 방법으로 스토리를 전달하기 위해 많은 고민을 한 흔적이 느껴져요. 이걸 '편집'이라고 하는데, 즉 우리는 만화 단행본을 보면서 만화가의 편집의 묘미도 느끼는 것입니다."

'아! 그래서 웹으로 볼 땐 재미가 떨어졌구나' 하며 무릎을 쳤다. 일본 도쿄대에서 유학하던 시절에 《전영소녀》를 기점으로 만화를 모으기 시작한 그는 그동안 수집한 만화책이 1,200권에 달한다고 한다. 학생이라 돈이 없어 자전거로 동네 서점을 돌며 100엔 코너에서 사 모은 것이 이렇게 늘어났다고 하니 그 불타는 열정에 감탄하지 않을 수 없다. 그런데 굳이 만화가 보고 싶다면 만화방에 가서 보면 되는 것을 왜 꼭 소장하려 했을까?

모든 만화책 애호가가 비슷하겠지만 확실히 만화책을 서가 한 구석에 순서대로 꼽아놓고 있으면 꼭 다시 읽지 않더라도 뿌듯하게 바라보게 된다. 이런 심리를 잘 아는 출판사들은 단행본 표지에 순서대로 맞추게 되어 있는 삽화를 넣기도 한다. 그럼 중간에 한 권이라도 빠지면 계속 신경이 쓰여 결국 지갑을 열 수밖에 없기 때문이다. 물론 새로 단행본이 나올 때 채워 넣어야 할 것 같은 의무감도 강해지고 말이다. 그는 덧붙인다.

"단행본의 진짜 매력은 '기다림'이라고 생각해요. 여우가 어린 왕자를 기다리면서 두근거림, 아련함, 기쁨 같은 감정을 배우고 키워나가는 것이랄까요? 잡지는 일정한 기간에 나오는 것이긴 하지만 연재된 만화가 단행본으로 나오는 시기는 알 수 없죠. 저는 한 권을 사서 열심히 읽고 나서 다음 책이 나오기까지 이런저런 생각을 하면서 기다립니다. 이

ㄴ 애니메이션 시즌 1이 끝난 시점부터 만화책으로 읽기 시작한 《진격의 거인》.

것도 역시 참여와 관여, 그리고 상상력을 자극하죠."

요즘은 아무래도 나이가 들어서인지 기다리면서까지 단행본을 보는 경우는 많이 줄었는데 최근에 《진격의 거인》을 보면서 그 '기다림'이라는 애틋함을 오랜만에 느낄 수 있었다. 한때 사회적 붐을 일으킨 해당 작품을 애니메이션으로 보다가 진도가 훨씬 빠른 만화책으로 넘어갔는데, 이 만화라는 것이 최신 편까지 따라잡아 버리면 다음 권까지 거의 반년의 시간이 걸리기 때문에 급속도로 애간장이 타기 시작한다.

'물건'이라는 것은 획득하기 위해 어떤 형태든 발품을 판 추억이 담기게 된다. 물론 IT 업계에 있는 사람으로서 언젠가 디지털 만화가 종이 만화를 필연적으로 대체할 것이라는 것은 잘 알고 있다. 추억이니 뭐니 해도 결국 편한 게 이기기 마련이니까(음악 CD가 스트리밍까지 진화한 걸 기억하자). 그래도 딱 손에 잡히는 크기에 알록달록한 코팅지가 덮여 있고 약간은 곰팡이스러운 냄새가 나는 이 녀석만큼은 조금 더 오래 살아 줬으면 좋겠다. 만화처럼 장기간에 걸쳐 스토리가 쓰이는 매체는 없다. 그렇게 오랜 시간의 추억을 담는 이 풋풋한 만화책이 어느 순간에 그냥 태블릿 위의 파일로 바뀌는 것은 너무 아쉬울 것 같으니 말이다.

종이 위의 판타지, 만화

개인적으로 굉장히 좋아하는 〈웰컴 Mr.맥도날드〉라는 영화가 있다. 라디오 드라마 녹음에서 벌어지는 해프닝을 다룬 일본 영화인데 이런 대사가 나온다.

"라디오 드라마는 정말 매력적이죠. 제 생각이지만 TV 드라마에는 없는 장점이 있어요. 예를 들면 TV에서 SF 같은 것을 하잖아요? 미국 영화에 지지 않는 영상을 만들려면 컴퓨터 그래픽 등으로 엄청난 돈이 들죠. 하지만 라디오에선 내레이터가 '여기는 우주'라고 하면 그냥 우주 공간이 되는 거예요. 인간에게 상상력이 있는 한 라디오 드라마에서는 무한한 가능성이 있다고 생각해요."

이 영화에서는 원래 일본 어촌 마을의 평범한 주부가 어부와 사랑에

ㄴ 원작을 지나치게 재현하려다 역효과가 난 영화 〈20세기 소년〉.

빠지게 되는 생방송 라디오 드라마를 출연진들이 마음대로 각색해 시카고의 여자 변호사와 우주선 파일럿의 사랑 이야기로 만들어버리면서 벌어지는 해프닝을 다루고 있다. 이러한 황당한 설정 변경에 들어가는 것은 사실 사람의 목소리일 뿐이다.

어떻게 보면 만화도 마찬가지 아닐까? 작가의 펜이 우주를 그리면 우주가 되고 바다를 그리면 바다가 된다. 주인공의 팔을 늘려서 능력자를 만들 수도 있고, 머리가 열리는 괴물로 만들 수도 있다.

일본 실사판 영화는 원작을 망치는 것으로 악명이 높은데, 이는 따지고 보면 만화적 상상력을 그대로 스크린에 옮겼기 때문에 발생한 참사다. 《삐리리 불어봐 재규어》처럼 극단적인 코믹 만화를 스크린에 옮기는 것은 예견된 실패라고 해도 《20세기 소년》처럼 꽤 드라마틱한 만화도 참혹한 혹평 속에 무너졌다. 《20세기 소년》 같은 경우는 만화 원작자인 우라사와 나오키가 만화 장면을 지나치게 재현하려다가 영화로서의 스토리텔링에 실패했다는 평이 있는데, 어쨌든 이 영화가 지나친 원작 재현에 집착한 것은 사실이다. 그렇다보니 만화의 독특한 호흡과 흐름은 살려내지 못하고 장면을 문자 그대로 '실사화' 하는 수준에 그치면서 관객의 외면을 받게 된 것으로 보인다.

반면 할리우드 영화는 이 부분에 있어 역시 능수능란한 실력을 보여준다. 〈트랜스포머〉 같은 경우는 어릴 적 보던 만화와 같은 게 맞나 싶을 정도의 각색이 들어간 다른 영화로 재탄생했고 〈아이언맨〉 역시 토니 스타크의 느글느글한 매력을 스크린에서 새로 해석하면서 폭발적인 인기를 누렸다. 〈아이언맨〉의 경우 1963년 코믹스에 처음 모습을 드러낸 이후로 엄청난 누적 볼륨과 각색을 거쳤는데 영화는 이 방대한 내용을 모두 담기보다는 이를 기반으로 영화에 적합한 형태로 다시 만들어냈다. 이러한 영화와 코믹스의 미디어 차이에 대한 기본적인 이해와 이를 실질적으로 구현해 내는 능력이 미국 실사판과 일본 실사판 영화의 수준 차이를 보여준다.

만화의 상상력 vs 영화의 상상력

하지만 미국 영화 제작 능력을 칭찬할 수만도 없는 것이 일본 만화를 원작으로 가져간 〈드래곤볼〉, 〈데드 오어 얼라이브〉, 게임 〈철권〉 등 너나 할 것 없이 폭풍 같은 혹평 세례를 맞고 흥행 참패했다. 〈드래곤볼

에볼루션〉의 경우 원래 극장판에는 손을 대지 않는다는 원칙을 고수하던 원작자 토리야마 아키라의 생각을 바꾸게 했다는 전설이 있을 정도의 글로벌 망작으로 손꼽힌다. 이 밖에 《몬스터》, 《총몽》, 《카우보이 비밥》 등의 명작 만화가 할리우드 영화화 발표 후 소리, 소문 없이 사라지는 것을 보니 어쩌면 일본 만화에서 보여주는 상상력 자체가 영화라는 틀에 맞지 않는 것은 아닐까 하는 생각도 해본다.

우리가 주로 보고 자란 일본 만화는 일상이 파괴된 현실을 그리는 미국 만화에 비해 비교적 친숙한 일상생활과 일상 속의 극단적인 상황을 반복하는 경우가 많다. 지구가 멸망하는 사건의 중심에 서 있는 《에반게리온》의 이카리 신지 역시 평범한 학생의 모습이고, 《유유백서》나 《블리치》 역시 학원 생활을 기반으로 한다. 만화 기반은 아니지만 〈이웃집의 토토로〉 같은 장편 애니메이션 역시 이러한 느낌으로 만들어진 작품이다. 게다가 아군 적군이 모호한 경우가 많아 과장된 권선징악 스토리를 직선적으로 끌고 가는 미국 영화 방식에는 어쩌면 잘 안 맞는 소재일지도 모른다.

이와 같이 만화를 미디어로 옮기면 만화의 매력이 고스란히 옮겨갈 것이라고 생각하는 것은 굉장히 위험한 생각이다. 그렇기 때문에 만화만이 가장 잘 그려낼 수 있는 이야기들이 존재한다고 생각한다. 만화는 책보다는 비주얼면에서 뛰어나고, 애니메이션보다는 평면적이다. 그렇기 때문에 책보다는 부담 없이 접할 수 있는 반면 애니메이션보다는 상상할 여지가 많은 매체다.

어떤 만화는 애니메이션으로 만들어지고 나서 큰 실망감을 주기도 한다. 상상했던 것과는 너무 다른 캐릭터가 살아 움직이기 때문이다. 나는 만화가 '적절한 상상력'을 주기 때문에 즐겁다고 생각한다. 작가가 그럴싸한 분위기와 이야기를 주면 거기에 '이 캐릭터는 이런 말투일 거야', '이때는 이런 분위기의 음악이 흐르겠지?' 등등의 상상력을 덧붙여서 디테일한 상황을 그려보는 재미, 그러다가 딱 아쉬울 때쯤 한 권의 책이 끝나고, 다음 책을 손꼽아 기다리는 설렘이 바로 만화 밖에 줄 수 없는 즐거움 아닐까 싶다.

9장

우리나라 취미 생활
vs 해외 취미 생활

한국에서 '덕질'을 한다는 것

나는 지금 게임을 만드는 일을 하고 있지만 일전에 키덜트들을 위한 모바일 서비스 '지빗'을 개발해 서비스한 적 있다. 사실 큰 수익이 났던 것은 아닌지라 운영이 어려워져 현재는 명맥만 유지하는 상태지만 한창때는 나름 티비에서 취재도 하고, 모 대기업에서 인수 제안을 하는 등 꽤나 주목을 받았었다. 이런 서비스를 기획한 의도는 간단하다. 누구나 쉽게 접근할 수 있는 마니아 커뮤니티를 만들어보고 싶었기 때문이다. 포털 카페에는 수만 명의 사람들이 수년에 걸쳐 쌓아온 훌륭한 자료가 가득하다. 하지만 초보자들이 활동하기에는 다소 부담스러운 것이 사실이다. 아무래도 복잡한 가입 절차와 여러 가지 규칙들이 존재하기 때문에 선뜻 글을 올리거나 참여하기가 쉽지 않다. 그러던 중 모바일로 소통하는 것이 일반화되는 시대가 왔고 같은 취미를 가진 사람들이 편하게 모여 정보도 공유하고 자신의 작품도 자랑할 수 있는 장이 있으면 좋겠다는 생각이 들어 기획하게 되었다.

일본에서 오타쿠 시장의 성장은 인터넷의 발달과 그 궤를 함께 했다고 한다. 일본의 노무라 증권 연구소에 따르면 오타쿠의 6가지 욕구에는 타인에게 이해받고 싶어 하는 '공감 욕구', 모아서 갖춰 놓고 싶어 하는 '수집 욕구', 자신의 의견을 널리 알리고 싶어 하는 '과시 욕구' 외에 '자율 욕구', '창작 욕구', '귀속 욕구'가 있다고 한다.

아무리 일본이라고 해도 마니아적 취미를 가진 사람들을 주변에서 손쉽게 찾는 것은 어렵기 때문에 인터넷이라는 채널은 이들의 '공감 욕구', 또는 '귀속 욕구'를 강하게 만족시키며 오타쿠 문화의 성장을 이끌었다고 볼 수 있다.

국내에서는 다음과 네이버 카페가 이 부분을 아주 완벽하게 만족시켜주면서 취미 문화 성장에 크게 기여

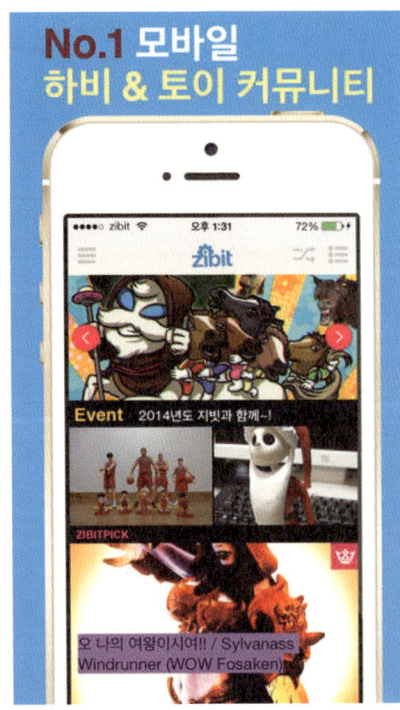

ㄴ 키덜트, 마니아를 위한 SNS '지빗'.

했다. 다음과 네이버 카페에 가면 거의 모든 취미 생활이 총망라된 카페 목록이 있으며, 또 그 안에는 동호회 사람만이 알 수 있는 세세한 레벨 게시판(예를 들면 다이캐스트 카페의 1/12, 1/18, 1/24 사이즈 게시판 등)이 존재한다.

이곳에서 사람들은 비슷한 취미를 가진 사람들의 전용 공간에 '귀속'되며, 자신이 '창작'하거나 '개조'한 것을 '과시'하기도 하고 타인의 의견에 '공감'하기도 한다. 업무상 다른 나라의 마니아 커뮤니티를 많이 들여다보았는데, 사실 한국의 카페처럼 폐쇄적이면서도 끈끈하게 잘 돌아가는 공간이 없다. 어찌 보면 마니아들을 위한 기초 토양이 상당히 잘 마련되어 있다고 볼 수 있다.

그럼에도 불구하고 우리나라에서는 아직 취미 문화가 하나의 축으로 자리 잡았다고 하기에는 부족한 점이 많다. 우선 정서적으로 다른 사람의 눈을 신경 쓰는 문화인지라 남들이 '쿨하지 않다'라고 하는 것을 하는 데 장벽이 좀 있다. 특히 이 '덕스러운 문화'에 관해서는 일본에서도 갖고 있는 '오타쿠'라는 단어에 대한 선입견에 더해 일본 문화에 대한 거부감도 한몫한다.

슈퍼히어로, 키덜트를 구하다

이런 꽉 막힌 분위기가 바뀌는 계기가 있었다. 그것은 바로 미국산 '슈퍼히어로'의 성공이다. 2007년 〈트랜스포머〉가 관객 수 740만 명을 동원하는 초대박을 치고, 같은 해에 〈스파이더맨 3〉가 관객 수 460만 명의 대박을 치면서 바야흐로 슈퍼히어로 영화의 시대가 열렸다. 이듬해인 2008년에는 〈다크나이트〉와 〈아이언맨〉이 각각 400만 명 이상의 관객을 동원하면서 슈퍼히어로 물을 어린이들의 영화가 아닌 어른들의 엔터테인먼트로 진화시켰다.

반면 일본에서 500만 명 관객 수를 기록한 극장판 〈원피스 필름 Z〉 같은 경우 한국에선 관객이 10만 명도 채 되지 않았다. 한때 한국에서도 국민 만화 대접 받던 〈드래곤볼〉의 18년만의 정식 후계작도 5만 명이 안 되는 초라한 성적으로 끝나고 말았다(일본 약 250만 명).

이렇게 열도의 영웅들이 나가 떨어지는 매정한 분위기에서도 미국산 슈퍼히어로는 전 국민 누구나 알만한 인지도와 인기를 자랑하며 한국 덕질 문화의 중심으로 자리 잡았다. 원래 사람은 자신이 아는 것과 모르는 것에 대한 호감도가 크게 차이 나기 때문에 극장판 기준으로 겨우 2,188명이 관람한 〈케이온〉 피규어를 책상에 올려놓았을 때 콧방귀도 안 뀌던 사람이라도 〈아이언맨〉 피규어라면 조금 더 높은 관심을 보이게 될 것이므로 이런 '토양'은 매우 중요하다.

그동안 일본 문화와 결부되어 소수자의 놀이 문화로 치부되던 덕질이 할리우드 영화를 만나 '세련되고 쿨한 것'이 된 부분도 서브컬처 저변 확대 측면에서는 희소식이다.

지빗에서 예전에 유명 모자 브랜드인 뉴에라와 제휴 이벤트를 진행했었는데 이때 홍보 및 경품으로 사용된 것은 〈스타워즈 에디션〉이었다. 뉴에라는 이 〈스타워즈〉 시리즈뿐 아니라 〈스파이더맨〉, 〈트랜스포머〉, 〈심슨〉 시리즈를 지속적으로 출시하고 있는데 이는 '세련되고 힙한 느낌'을 추구하는 뉴에라의 특성을 감안했을 때 시사하는 바가 크다. 뉴에라는 미국 기업이지만 〈에반게리온〉, 〈근육맨〉 같은 일본 애니메이션과의 콜라보 상품도 알고 보면 상당히 많이 만들었다. 하지만 한국에는 발매되지 않았다. 인지도가 낮기 때문이라고 볼 수도 있지만, 사실 따지고 보면 뉴에라가 한국에 판매하고 있는 NHL(북미 하키 리그)나 NFL(북미 풋볼 리그)의 인지도가 훨씬 낮다. 즉, 같은 서브컬처 계열이지만 왠지 오덕스러운 일본 콘텐츠와 달리 미국산 히어로들은 영화의 대성공을 기반으로 쿨한 문화로써의 지위를 획득한 것이다. 참고로 이 이벤트 지원자 중에는 여성층이 40퍼센트였다.

다시 본론으로 돌아오면 한국에서 이런 키덜트 또는 서브컬처 시장이 조금씩 대중화되기 시작한 것은 이들 히어로의 도움을 받은 2007~2008년이라고 볼 수 있다. 가장 대중적으로 알려진 '킨키로봇'과 '모모트' 토이도 이때쯤 시작되다. 그리고 〈마블〉, 〈스타워즈〉 등의 콘텐츠를 적절히 활용하며 인지도를 높여갔다.

하지만 어찌됐든 이런 문화의 주도권이 미국과 일본에 있다는 점은 아쉬운 점이다. 우리나라에도 쿨레인 스튜디오나 스티키몬스터랩 등의 빼어난 실력의 피규어 제조업체가 많이 있지만 영상이나 만화 콘텐츠와 같이 가는 것이 아닌 만큼 파급력은 상대적으로 적을 수밖에 없다. 일본의 공식을 따르자면 만화의 성공, 애니메이션화, 피규어 등의 굿즈화(애니를 통해 채색이 되므로 상품화가 용이), 게임화, 극장판 등으로 설령 만화가 끝나더라도 지속적으로 콘텐츠의 생명력을 불어넣는 작업들이 이루어져야 하는데 고퀄리티 피규어, 혹은 반대로 잘 만든 만화가 단독으로 있어서는 전체적으로 덕질 시장에 강렬한 점화를 하기가 어렵다.

그렇다고 성공적인 콘텐츠가 있으면 2차 산업이 반드시 살아날 수 있냐고 하면 사실 그것도 정답은 아니다. 일본이나 미국처럼 철저하게 상품화를 염두에 두고, 심지어 완구사가 스폰서 역할을 하며 까지 팔리는 그림을 만들어내는 시스템이 없기 때문에 여전히 부족한 상황이다. 대박 난 웹툰이 많아졌음에도 불구하고 문구, 스티커 등의 기초적인 상품 외에는 크게 눈에 띄지 않는다는 점은 한번 고민해볼 필요가 있다.

그러나 점점 이런 문화를 소비하는 사람들이 많아지고, 또 이를 기반으로 좋은 업체와 작가들이 활동하기 시작한다면 우리나라에서도 대중에게 어필할 만한 신선한 작품들이 나올 것이라고 믿는다. 이상적으로는 현재 영화를 소비하는 것처럼 국적에 상관없이 좋은 영화를 대중들이 알아보고, 즐기고, 그러면서도 각 국가 별로 다른 맛을 즐기는 형태가 가장 좋다고 생각한다. 공감하고 싶을 땐 한국 영화, 머리를 비우고 시원하게 즐기고 싶을 땐 미국 영화, 좀 더 복잡하지만 디테일한 영화가 보고 싶을 땐 일본이나 유럽 영화를 즐길 수 있도록, 충분한 값어치를 하는 작품들 사이에서 선택권이 많아지는 것이 가장 바람직할 것이다.

자, 그 첫 발걸음은 당신이 하기에 달려 있다. 이 책을 읽고 해보고 싶은 것이 생겼다면 그냥 해보시라. 그리고 재밌으면 (허용 범위에서) 돈을 아끼지 말고 즐겨보시기 바란다. 화끈하게 노는 게 남는 거다.

덕후들의 에너지가
모이는 곳

　나는 미국에 있을 때 기회가 되서 몇몇 게임쇼와 서브컬처 행사에 참석했었다. 열거하자면 E3(Electronic Entertainment Expo, 세계 최대의 게임쇼), PAX EAST(Penny Arcade Expo, 비디오 게임, 보드 게임 등이 어우러지는 게임쇼), BlizzCon(블리자드에서 개최하는 행사), 그리고 Anime Expo(일본애니메이션 위주의 행사)다. 아쉽게도 코미콘은 가보지 못했다. 나름 한맺힌 부분이다.

　이런 행사는 기본적으로 '축제' 분위기다. 전반적으로 분위기가 굉장히 밝고, 사람들이 친절하다. 미국이라 성향이 더 그런 것은 있겠지만 '우리는 같은 재미를 추구하는 사람들! 같이 신나게 즐겨보자!' 같은 느낌이 물씬 난달까?

ㄴ 게임쇼 E3의 파티 모습.

나는 당시 넥슨의 〈마비노기 영웅전(Vindictus)〉'의 현지 프로듀서를 맡고 있었는데, E3를 위해 준비한 이벤트 소품이 대박을 쳤다. 게임에 나오는 붉은 털 늑대 보스를 본딴 털모자였는데 이게 생각보다 고퀄리티로 잘나와서 미국 유명 포털 사이트 IGN의 메인에도 걸리고 이베이에서 200달러에 경매가 되는 등 상당히 화제를 불러 모았다.

사람들은 마음껏 축제를 즐기며 "와, 진짜 멋있다. 이건 무슨 게임이야? 무슨 이벤트로 받은 거야?"라든지 "나 지금 이벤트 소품 모으고 있는데 내 거랑 바꿀래?" 등 굉장히 가볍게 말을 걸어온다. 그러면서 사람들과 재미있는 이야기를 공유하고 또 몰랐던 게임에 알게 되는 경험이 참 재미있었다. '아 나와 같은 걸 좋아하는 사람들이 이렇게나 많구나.

그리고 이들은 이런 식으로 즐기는구나'라는 것을 피부로 느끼고 나면 '그래, 이렇게 살아도 괜찮은 거야!'라는 훈훈한 생각을 하며 돌아오게 된다.

오타쿠의 성지, 아키하바라

일본에는 그 유명한 오덕의 성지 '아키하바라'나 오사카의 '덴덴타운'이 있다. 미국에는 초대형 타운은 없지만 컨벤션이 그 역할을 하고 있다. 일본 문화의 영향을 강하게 받은 대만도 중심가에 나름의 피규어, 프라모델, 게임 등을 파는 상가 밀집 구역이 있고 여기에는 사람들이 항상 바글바글하다.

우리도 서초동의 국제전자센터나 용산 아이파크몰 등이 있긴 하지만 해외의 밀집도에 비할 것은 아니다. 또 몇 군데 흩어져 있던 오프라인 매장 중에는 문을 닫고 온라인 스토어로만 운영하는 경우도 있다. 도쿄의 아키하바라는 원래 전파상들이 모여 있던 곳인데 이것이 소프트웨어, 게임 그리고 여기서 파생된 취미 상품들을 다루는 공간으로 빠

└ E3 당시 이벤트 소품으로 선풍적인 인기를 끌었던 털모자.

르게 확장된 사례다. 우리나라도 용산 전자 상가가 이런 역할을 했었으니 확실히 오타쿠들이 좋아하는 제품군은 비슷한 것 같다. 그러나 용산 전자 상가가 악명 높은 영업으로 스스로 목을 죄고 있을 때 아키하바라는 이들의 취향을 재빨리 파악하고 관련 매장들을 빠르게 추가해갔다.

내가 살았던 1980년대 후반 당시에는 정말 PC 냄새 나는 전자 상가 같았던 곳이 1990년대에는 게임 타운, 그리고 2000년대 들어서는 하비용품 타운으로 콘셉트를 바꿔왔다. 이것은 관심사의 이동과 맞물려 폭발적인 수요를 창출했다. 현재 아키하바라를 제외한 다른 곳의 하비용품 매장은 많이 철수했고 전반적으로 아키하바라로 몰아주는 추세라고 한다. 이렇게 되면 이용자 입장에서는 상당히 밀도 있게 쇼핑과 관람을 할 수 있고 홍보 차원에서도 유리한 점이 생긴다.

수요층이 훨씬 큰 일본에서도 이렇듯 집중화 경향이 나타나는 것을 보면 아마 한국도 조만간 '메카'

ㄴ 도쿄에 있는 아키하바라. 전 세계적으로 오타쿠의 성지라고 불린다.

역할을 하는 공간이 생길 것이라 기대한다. 만약 용산 전자 상가가 조금만 더 세련된 접근을 했다면 PC, 게임뿐 아니라 다양한 취미 전반을 다룰 수 있는 한국의 아키하바라가 될 수 있었겠지만, 단기적 이익을 노린 주먹구구식 운영을 하며 몰락의 길로 들어선 것이 한때의 팬으로서 아쉬움이 남는다.

최근에는 오히려 국제전자센터의 매장들이 디스플레이에 공을 들이고 주말 장터 등의 이벤트를 개최하면서 중심지로 입지를 다지는 느낌이다. 여성 취향의 제품도 많이 늘었고 취급 물품 역시 다양해져서 어설픈 키덜트 전시회보다는 오히려 낫다는 평이다. 소니 같은 게임 회사도 신작 발표회를 국제전자센터에서 진행하고 있으며 이곳에 몰리는 덕후 수요를 노린 '게임 카페'도 주변에 생겨나는 등 서브컬처 메카의 모습을 갖추어가고 있는 중이다.

아직 갖춰가는 단계이긴 하지만 '키덜트 페어'나 '아트토이 컬처' 같은 행사가 2년 연속 성공적으로 진행된 점도 향후 게임계의 '지스타' 처럼 키덜트 쪽에도 대표적인 행사가 생길 수 있다는 기대감을 준다.

덕심의 끝판왕들을 만나보자

자, 지금까지 어른들의 '덕스러운 취미'를 쭉 살펴봤다. 이쯤에서 두 가지만 당부하고자 한다.

첫 번째는 모든 취미를 섭렵하려는 생각은 안 했으면 좋겠다는 것이다. 일단 경제적인 문제를 떠나 현실적으로 불가능하기 때문이다. 남성 키덜트 취미라고 하지만 개조와 구동이 기본이 되는 RC와 수집이 핵심인 트레이딩 피규어는 꽤 거리가 있다. 물론 굉장히 불행한 운명을 타고나 이 모든 것에 엄청난 즐거움을 느끼는 사람들도 있지만 마음을 가다듬고 한두 가지에만 집중하는 것이 좋다. 더욱이 이제 막 취미생활을 시작하려는 초보인 경우에는 더더욱 한 가지를 골라 천천히 잘 공부해보는 것을 추천한다. 어차피 여기저기 돈 쓰며 맥락 없이 사모아 봐야 금방 질릴 뿐이다. 한 분야를 체계적으로 공부해가며 '아 이런 게 있구나. 이렇게 보는 시각도 있구나'라고 느끼면서 취미생활을 이어가는 것이 의미 없이 수집한 것들을 늘어놓는 것보다는 더 보람도 있고 재미있을 것이다. 이 책은 그 '분야'를 발견하는 것을 도와주기 위한 길라잡이다.

두 번째로는 적당히, 딱 즐거울 정도만 하자. 말이 취미 생활이지, 깊어지다 보면 시간과 돈을 좀 과하게 쏟기도 하고 본업에 지장을 주는 경우가 허다하다. 물론 사람이 무언가에 빠지면 어느 정도는 폭주하는 시기가 생기기도 하지만 이것이 과해지면 나중에 제풀에 제가 꺾여 아예 그만두는 사람들도 많이 봐왔기에 항상 적당한 완급 조절과 현재 상황에 맞는 투자가 중요하다는 점을 당부하고 싶다. 어차피 결국 즐겁자고 하는 것이니 오래오래 즐길 수 있도록 스스로 보폭을 조절하도록 하자.

그러나 어디에나 이런 일반인의 상식을 훌쩍 넘는 '강호의 고수'가 있기 마련이다. 넘볼 수 없는 덕력으로 끝까지 파고들어가 이를 하나의 업으로 만들어낸 사람들이 있다. 이들은 스스로 정체를 드러내지 않는 경우가 많기 때문에 마니아들 사이에서만 전설로 내려오는 경우도 많다. 과연 이들은 어떤 즐거움을 추구하기에 이렇게 많은 시간과 돈을 쏟았을까?

지금부터 덕심의 끝판왕들을 한번 만나보자.

장난감을 통해 배우는 인생 철학, 토이키노 손원경 대표

먼저 우리나라 최대 규모의 장난감 박물관 '토이키노'를 운영하는 손원경 대표를 만나보자. 그는 상당한 영화 마니아로 무려 20만 점이라는 놀라운 양의 수집품을 보유하고 있는 명실상부한 국내 최대의 컬렉터다. 세계 각지에서 수집한 다양한 영화 및 애니메이션 관련 피규어는 그 볼륨과 다양함에 보는 사람의 입을 떡 벌어지게 만든다. 이제 갓 마흔을 넘긴 그는 어떤 계기로 이렇게 많은 양을 수집을 하게 되었고, 또 박물관까지 열게 되었을까? 그의 이야기를 들어보자.

ㄴ 토이키노 박물관 1관 실내 전경.

Q: 간단한 자기소개 부탁드립니다.
A: 원래 광고 사진과 다큐멘터리 제작 등을 하면서 취미로 장난감을 모으다가 어느덧 박물관까지 만들어 10년째 운영하고 있는 손원경이라고 합니다.

Q: 컬렉터의 끝판왕으로 불릴 정도로 많은 아이템을 모으셨는데, 대략 몇 점 정도 되나요?
A: 원래는 30만 점에서 40만 점 정도 모았습니다. 모은다는 건 사실 '물욕'이잖아요? 지속적으로 빠져서 모으다 보니 뭐랄까 '풍요 속의 빈곤' 같은 게 있었어요. 그래서 지금은 제가 추구하는 가치가 아닌 것들은 많이 정리를 했습니다. 현재는 한 20만 점가량 됩

니다.

Q: 정리한 품목은 어떤 것들인가요?

A: 우선 고전 프라모델을 100퍼센트 정리했습니다. 그리고 바비 인형과 비비탄 총도 정리를 했습니다. 또 나중에 은퇴하고 쉬면서 즐길 생각에 직소 퍼즐을 또 많이 모았었는데 이것도 모두 정리했습니다. 사실은 한때 '그냥 느긋하게 글이나 쓰면서 살아야지'라는 생각을 한 적이 있었는데요. 정신을 차리고 보면 어김없이 일을 벌리고 있는 저를 발견하고 어차피 포기할 수 없다면 수집 품목을 줄이기라도 하자고 생각했습니다.

└ 압도적인 손원경 대표의 컬렉션 중 극히 일부분의 모습.

Q: 컬렉션 양이 상당히 많은데 카테고리로 나눠 보면 어떤 것들이 있나요?

A: 일단 내용상 분류해보자면, 우선 영화 피규어를 무척 좋아합니다. 그중에서도 〈스타워즈〉를 가장 좋아합니다. 그밖에 슈퍼히어로 물도 무척이나 좋아하는 장르입니다. 그리고 애니메이션으로는 '디즈니'를 최고로 생각하고 있습니다. 〈도라에몽〉, 〈호빵맨〉, 〈아톰〉, 〈스누피〉, 〈심슨〉 등도 꾸준히 모아왔습니다. 일본 애니메이션은 많이 수집하진 않았는데, 요즘 갑자기 〈원피스〉 피규어에 푹 빠졌어요. 캐릭터의 조형미가 정말 멋있습니다. 아마 〈스타워즈〉를 처음 봤을 때 이후 처음인 것 같아요. 〈원피스〉는 캐릭

└ 수집 끝판왕의 방, 각종 12인치 피규어가 보인다.

터가 정말 다양하고 각각의 캐릭터가 갖고 있는 개성이 엄청 나요. 전 처음에 〈캐리비언의 해적〉 같은 정통 해적물이라고 생각했었는데, 화승총을 쏘는 서부의 느낌부터 일본 사무라이 느낌까지 수많은 세계관을 담아내는 것에서 상당히 매력을 느꼈습니다.

Q: 그럼 많은 컬렉터들이 추구하는 것 즉, 컴플리트에 대한 욕심도 있을 것 같은데 어떤가요?
A: 우선 제가 좋아하는 〈스타워즈〉와 슈퍼히어로 물은 사이드쇼에서 나온 프리미엄 포멧(실물 1/4 크기의 피규어로 수작업으로 제작된다)을 다 수집했고, 핫토이 사의 정규 시리즈도 다 수집합니다. 이밖에 다이캐스트 자동차 중에서도 최신 차량은 배제하고 올드카만 모으고 있습니다. 요즘은 리락쿠마 20센티미터의 봉제인형이나 원피스 P.O.P(Portrait of Pirates, 원피스 피규어 중 프리미엄 급)는 다 사야겠다고 마음 먹고 있습니다.

Q: 마지막으로 수집이나 조립 등의 키덜트적인 취미를 가진 사람을 철없다고 생각하는 사람들의 선입견에 대해 어떻게 생각하시나요?
A: 한국은 이탈리아처럼 예술가들이 중심이 된 르네상스 시기도 없고, 일본처럼 도제 시스템을 기반으로 한 기술자가 인정받는 것도 아니었고, 또 독일처럼 전문가가 인정받는 분위기도 아니었습니다. 사대부들이 만든 직업들이 점차 근대화되었고, 이런 분

ㄴ 손원경 대표의 스누피와 심슨 컬렉션.

ㄴ 손원경 대표의 수집품 중 예술 작품에 가까운 〈반지의 제왕〉 버스트 피규어.

야만이 사회적으로 존경을 받는 현실이 되었습니다. 하지만 지금이 바로 그 격변기라고 생각합니다. 사회적으로 안정적이라고 하는 변호사나 의사 같은 직업군에서도 잘 못 버는 사람들이 나오기 시작했어요. 이런 직업들이 포화 상태가 돼버린 거죠. 한국이 조금 더 앞으로 나아가려면 이제부터라도 창조적이고 독창적인 일을 하는 사람들이 앞으로 더 대우를 받아야 한다고 생각합니다. 질문으로 다시 돌아간다면 조금 색다른 일 또는 취미를 하는 사람들을 경시하는 분위기가 여전히 남아 있기는 하지만 앞으로 달라질 것이라 기대합니다.

꿈을 담은 공간을 만든 남자, 요시다 카즈야

자, 이번에는 해외의 만렙 마니아를 만나보도록 하자. 원래 비디오 게임 관련된 일을 하던 요시다 카즈야는 《원피스》의 매력에 빠지면서 이를 테마로 한 공간을 구상하게 되었다고 한다. 그리고 오사카로 내려가 《원피스》를 테마로 한 바를 만들었다.
오사카 번화가인 남바(南波) 한복판에 있는 올블루 바에 들어서면 먼저 그 빼곡히 쌓인 피규어 수에 놀라게 된다. 20평 정도 되는 크지 않은 바에 촘촘하게 들어선 수많은 원피스 피규어는 굳이 말하지 않아도 이곳 주인장의 덕력이 어느 정도인지 가늠할 수 있게 해준다.

Q: 간단한 자기소개 부탁드립니다.

A: 요시다 카즈야 라고 합니다. 오사카에서 '올블루'라는 작은 바를 운영하고 있습니다.

Q:《원피스》는 다른 만화에 비해 특히 캐릭터 상품이 많은 것 같은데 왜 그렇다고 생각하시나요?

A: 무엇보다 캐릭터의 매력이 상당합니다.《원피스》에는 정말 셀 수 없이 많은 캐릭터가 있는데 꼭 주인공이 아니더라도 각각의 캐릭터가 뿜어내는 개성이 뚜렷합니다. 그렇기 때문에 악역 캐릭터도 팬이 많고, 덩달아 캐릭터 상품도 많이 출시가 되는 거죠. 뻔하지 않은 캐릭터를 입체적으로 만들어내는 능력이 뛰어나다고 생각하고, 이것이 다양한 팬을 섭렵하는 요인이 되는 것 같습니다.

ㄴ《원피스》의 수많은 캐릭터는 모두 각각의 다른 매력을 갖는다.

Q: 선장님도 특별히 좋아하는 캐릭터가 있나요?

A: 굳이 꼽자면 '시라호시'라는 인어 캐릭터입니다. 크레인 뽑기로 한때 132개까지 뽑았습니다.

Q: 한국에서는 어른이 애니메이션을 보거나 관련 상품을 사는 것에 대해서 부정적입니다. 다른 사람의 눈을 신경 쓰는 경향이 강해서 그런지, 초심자에게는 이런 것이 상당한 벽이 되는 것 같은데 일본은 어떤가요?

A: 일본도 20년 전까지만 해도 비슷했습니다. 하지만 지금은 일본의 새로운 문화로 정립되어 있습니다. 애니메이션의 대형 이벤트가 뉴스에 나오기도 하니까요. 특히 《원피스》의 경우는 국영 방

└ 카즈야 씨가 가장 좋아하는 캐릭터, 시라호시.

└ 엄청난 양의 쵸파 핸드폰 악세사리.

송인 NHK에서도 종종 다루기도 합니다. "《원피스》를 읽어본 적이 없다"고 하면 깜짝 놀랄 정도로 보편화된 콘텐츠라고 할 수 있습니다.

Q: 한국에서도 《원피스》 자체의 인기는 꽤 높은 편인데 관련 상품이 다양하지는 않습니다. 일본은 어떤가요?
A: 일본에는 약 10만 점 정도의 상품이 발매되어 있습니다. 정말 엄청난 양의 제품이 다양한 형태로 나와 있다고 할 수 있죠.

Q: 마지막으로 취미 생활을 통해 인생을 즐기는 분으로서 한 마

디 부탁드립니다.

A: 자신이 좋아하는 것을 사람들 앞에서 당당하게 말할 수 없는 것은 스스로의 인생을 부정하는 것이라고 생각합니다. 사람들의 시선이 두려워서 아무것도 안한 뒤 후회해도 바뀌는 것은 없습니다. 반면에 해보고 후회하면 성장하는 거죠. 자신이 좋아하는 일은 후회 없도록 즐겁게 부딪혀 보는 게 좋지 않나 생각합니다.

에
필
로
그

남자는 언제까지나 소년이다

나도 어느덧 청년을 훌쩍 넘어 중년의 나이가 되었는데 감성적으로는 별로 성장했다는 느낌을 받지 못 할 때가 있다. 여전히 새로 나온 게임에 눈이 돌아가고, 멋진 프라모델을 보면 탄성이 절로 나오며, 좋아하는 애니메이션이나 영화 캐릭터의 피규어는 반드시 손에 넣고 싶어 하는 사람이다. 하지만 그렇다고 내가 뭔가 문제가 있거나 뒤처진 사람이라고 생각하지 않는다. 오히려 특별한 취미 없이 공부만 한 사람들보다 훨씬 재미있는 인생을 살고 있고, 아마 나이가 더 들어서도 '즐길 거리'를 충분히 갖고 있는 사람이 될 것이라고 생각한다. 남들은 아직 잘 모르는 이런 색다른 감성은 끊임없이 에너지를 충전해주고, 새로운 창의력을 불러일으키기 때문이다.

앞서 이야기 했듯이 취미라는 것은 단순히 개인의 취향일 뿐이다. 골프든, 캠핑이든, 조기축구든, 피규어 수집이든 자신이 좋아하는 일에 여가 시간을 쏟는 것이 '취미'다. 키덜트들을 위한 SNS '지빗'을 운영하다 보면 종종 전시 등을 도와달라는 연락도 받고, 업무 제휴를 하자는 연락도 받는다. 그러나 실제 성사까지 이루어지는 경우는 많지 않았다. 물론 나의 역량 부족이기도 하지만 많은 회사들이 '간만 보려고' 했기 때문이었다.

이제 '키덜트' 시장은 마니아의 열정을 기반으로 5,000억 원 이상의 돈이 오가는 거대 시장이다. 그리고 예전과 달리 하나의 트렌드로 관심을 받고 있다. 하지만 관련 사업을 하는 사람들마저 여전히 "너희 어차피 좋아서 하는 일이니까 좀 도와줄래?"라는 식으로 접근을 해오고, 키덜트 문화에 대한 이해가 부족한 이런 식의 태도는 당연히 키덜트들의 호응을 얻지 못해 대부분 흐지부지되곤 했었다.

관련 사업을 운영하는 대표이기 전에, 한 명의 덕후로서 키덜트 문화에 대한 사람들의 관심이 여전히 낮은 것이 안타까웠다. 생각해보면

〈SNL〉이나 〈마녀사냥〉을 기점으로 금기시 되던 19금 이야기들이 하나의 방송 트렌드가 되었고, 개그맨 윤형빈이 '로드 FC' 이벤트에 참여함으로써 격투기가 대중에게 좀 더 친숙하게 알려진 것처럼 키덜트 문화 역시 몇 가지 계기만 마련된다면 더 많은 사람들이 관심을 갖게 되지 않을까 생각했다. 관심이 생기면 키덜트에 대한 선입견들도 자연스레 해소되지 않을까 싶었다.

아직 '덕력'으로는 한참 부족한 내가 이렇게 총대를 메고 책을 쓰게 된 것도 혹시나 이 책을 통해 사람들이 '아, 이거 꽤 재밌는 취미구나' 하는 생각을 하는 계기가 되지 않을까 하는 기대 때문이었다. 좀 더 솔직히 말하면 이 책이 대박 나서 많은 사람들이 덕질의 세계에 입문하는 계기가 되었으면 좋겠다. 많은 키덜트들의 진솔한 이야기와 그 열정이 담긴 컬렉션을 한 곳에 담은 책은 쉽게 나오기 어려울 것이며, 그것을 알고 있기 때문에 시간 내서 참여해주신 분들께 누가 되지 않도록 밤잠을 설쳐가며 부족하게나마 최선을 다했다.

특히 지극히 개인적인 취미임에도 바쁜 시간 쪼개서 인터뷰에 응해준 마니아들에게 정말 너무나도 감사한 마음이다. 또 이런 기회를 갖게 해준 '위즈덤하우스'와 마감도 못 지키는 초보 작가를 기다려주신 정지은 편집자에게도 이 기회를 빌어 감사의 인사를 드리고 싶다. 마지막으로 책을 쓰는 기간 중에 덜컥 임신을 했음에도 남편의 좌충우돌 집필 활동을 응원해준 아내 박보희에게 많이 미안하고 고마운 마음이다.

예전에 함께 책 집필에 참여한 바 있는 김혁 테마파크파라다이스 대표는 영국의 장난감 가게 할아버지에게 "인생을 80 또는 100년으로 보았을 때 한 사람의 인성이 형성되는 초기 10년, 15년 동안 가장 많이 만나는 사물이 무엇이겠는가? 바로 장난감이다"라는 말을 듣고 수집의 길로 들어섰다고 한다.

나 역시 그때 만났던 것들이 지금 가장 그립고 즐거웠던 추억으로 남아 있다. 앞으로 우리 아이 세대에는 이렇게 가장 기억력 좋고 감수성 예민했던 시절에 만났던 즐거움을 나이가 들어서도 오래 즐길 수 있도록 편견 없이, 또 나아가 그것을 하나의 문화로 향유하는 시대가 오기를 바라는 마음이다.

언젠가 한국에도 코미콘(ComicCon) 같은 멋지고 신나는 행사가 한 달이 멀다 하고 치러지길 바라면서 책을 마무리하고자 한다.

| 도판 출처 |

p15 ⓒ조나단; p20 ⓒBr ø derbund, SCE; p26 ⓒ테일러; p28 (아래) ⓒ조나단; p36 (위) ⓒ쿨럭, (아래) ⓒ조나단; p37 ⓒYisarangDS; p42 ⓒ그림혼; p49 ⓒ조나단; p54 (위), (아래) ⓒ쥴리라; p56 (위), (아래) ⓒ서영석; p57 ⓒbrasscap; p58 ⓒ혹돔; p60~64 ⓒ이성동; p66~69 ⓒ델피; p78 (위) ⓒ메롱쟁이; p80 ⓒVana; p81 ⓒ로카; p82 ⓒ올리브; p83 ⓒ메롱쟁이; p86 ⓒhaginara; p87 ⓒ격만; p88 (위), (아래) ⓒ나이슈; p89 ⓒVana; p91 ⓒ탄호이저; p92 ⓒVana; p94 ⓒzzikssa; p95 ⓒJulian Fong; p97 ⓒVana; p98 ⓒ규타; p101 ⓒArthur Sacek; p108 ⓒ혹돔; p109 ⓒ카토; p113 ⓒ초혼입문; p114 ⓒKato; p115 ⓒKato; p116 ⓒ베츠니; p118 (왼쪽) ⓒ킹본드, (아래) ⓒOtakuMouse; p128 ⓒ'Hyun's Story' 블로그; p125 (위), (아래) ⓒ돌프; p126 ⓒStarWars; p129 ⓒKato; p130 ⓒ독안룡; p139 ⓒ원영; p141 ⓒ유은; p142 ⓒ또치당; p143 ⓒOldpla; p154 ⓒ리얼맨; p155 ⓒ최명균; p156 (아래) ⓒ조해찬; p158 ⓒ정용잔 p162 ⓒ최명균; p168~169 ⓒ검은지층, p172~173 ⓒ팻두; p178 ⓒ박재원; p179 ⓒYisarangDS; p192 ⓒ허드슨; p193 ⓒ캡콤; p197 ⓒVana; p198 ⓒVolition; p206 ⓒ테일러; p237~243 ⓒ손원경, p244~247 ⓒ요시다 카즈야